Mutige & starke Kinder

Wie Sie Ihr Kind stark machen und ihm ein einen selbstbewussten Start in ein rundum erfülltes und glückliches Leben ermöglichen

Inkl. effektiver Übungen & Mutmachgeschichten

INHALT

Vorwort

Warum ist ein starkes Selbstwertgefühl für die Entwicklung Ihres Kindes wichtig? Inwiefern liegt es in Ihrer Hand, dass aus Ihrem Kind ein selbstbewusster Mensch wird? Und was können Sie im Einzelnen dafür tun? Diesen und weiteren Fragen werden wir in diesem Buch auf den Grund gehen.

Die Kindheit ist die Phase des Heranwachsens - der Lebensabschnitt, in dem der Mensch seine Persönlichkeit entwickelt und lernt, sich in der Welt zurechtzufinden. Gleichzeitig werden in der Kindheit und Jugend schon die Weichen für das spätere Leben gestellt. Ein Kind lernt nicht nur alltägliches Verhalten, den Umgang mit anderen Menschen und verschiedenen Situationen, sondern es muss auch zur Schule gehen und dort Leistungen erbringen, um später einen (guten) Job zu bekommen und seinen Lebensunterhalt zu verdienen.

Doch es geht nicht nur darum, sondern auch um die Frage: Wer bin ich und was will ich? Diverse Meinungen, Ansprüche, Informationen und Erfahrungen prasseln auf den jungen Menschen ein, sobald er geboren wird (und im Grunde sogar schon vorher). Einmal gewonnene Eindrücke werden abgespeichert und verfestigen sich - die guten wie die schlechten. Äußere Einflüsse können positiv oder negativ auf die Entwicklung wirken, den jungen Menschen stärken oder schwächen. Dabei kann Ihr Kind seine eigene Persönlichkeit finden oder verlieren.

Welche Erfahrungen Ihr Kind macht, zum Beispiel mit Spielfreunden, Mitschülern oder schulischen Anforderungen, können Sie nur zum geringen Teil beeinflussen. Erst recht können Sie nicht vorhersehen, was ihm im Erwachsenenleben widerfahren wird. Was Sie aber beeinflussen können, ist die Art, wie Ihr Kind mit Schwierigkeiten umgeht und seinen Lebensweg entwickelt. Sie können ihm helfen, innerlich stark zu sein, zu sich selbst zu stehen und Verantwortung für das eigene Leben zu übernehmen. Das ist sehr wichtig, denn nur, wenn man an sich glaubt und mit sich selbst im Einklang ist, kann man ein wirklich glückliches Leben führen und psychisch rundum gesund sein. Das

Wichtigste ist aber, dass Ihr Kind erkennt, dass es als Mensch wertvoll ist - einfach als Wesen, als Individuum, ohne irgendwelche Ansprüche oder Normen zu erfüllen.

Vielleicht hat das Selbstwertgefühl Ihres Kindes bereits Kratzer bekommen oder ist sogar stark geschwächt; vielleicht möchten Sie aber auch einfach von Anfang an alles richtig machen und haben sich deswegen dieses Buch gekauft. Vielleicht haben Sie auch selbst in Ihrer Kindheit ein zu geringes Selbstbewusstsein entwickelt und die Auswirkungen im späteren Leben zu spüren bekommen, sodass Sie Ihrem Kind dies ersparen möchten. In jedem Fall sind Sie sich bewusst, dass ein starkes Selbst-wertgefühl für Ihr Kind der Schlüssel zu einem guten Leben ist, und möchten ihm jetzt diesen Schlüssel in die Hand geben.

Je früher Sie anfangen, desto besser, doch es ist nie zu spät. Wenn das Selbstwertgefühl bereits geschwächt ist, wird es zwar ein wenig schwerer, aber mit etwas Geduld, viel Einfühlungsvermögen und der richtigen Herangehensweise schaffen Sie es. Nach ein wenig Theorie zum besseren Verständnis gebe ich Ihnen in diesem Ratgeber eine Vielzahl von Tipps und Übungen mit auf den Weg, damit Sie Ihr Kind optimal fördern können.

Selbstbewusstsein, Selbstvertrauen, Selbstwertgefühl – Was heißt das genau?

Die Begriffe Selbstbewusstsein, Selbstvertrauen und Selbstwertgefühl werden meist austauschbar verwendet, sind jedoch nicht dasselbe. Um alle soll es aber in diesem Buch gehen. Zum Einstieg möchte ich daher kurz die Unterschiede erklären.

DREI TEILE EINES GANZEN

In dem Wort Selbstbewusstsein steckt im Grunde schon die Erklärung drin - es heißt, sich seines Selbst bewusst zu sein. Mit anderen Worten kennt ein selbstbewusster Mensch das eigene Innere, seine Persönlichkeit, seine Stärken und Schwächen, seine Wünsche, Träume, Ziele, Ansichten, Vorlieben etc., sodass er weiß, wer er ist. Selbstbewusstsein bedeutet trotzdem noch mehr. Es besteht nicht nur darin, sich selbst zu kennen, sondern auch darin, dazu zu stehen, wer bzw. wie man ist.

Als selbstbewusster Mensch lässt man sich nicht verbiegen und versucht nicht, etwas zu tun oder zu erreichen, das man selbst gar nicht will. Man ist zufrieden mit seinem Äußeren und Inneren und gibt nichts darauf, was andere denken oder sagen. Diese Einstellung ermöglicht, dass man sich selbst treu bleibt, seinen eigenen Weg geht und seine persönlichen Ziele erreicht, auch wenn man sich dabei gegen Widerstände durchsetzen muss und von anderen missachtet wird.

Auch Selbstvertrauen ist eigentlich selbsterklärend - man vertraut auf sich selbst. Das bedeutet, dass man an die eigenen Fähigkeiten glaubt und davon überzeugt ist, dass man selbst das Richtige tut und richtig ist. Vertrauen kennt man normalerweise als das, was man zu einer sehr engen Bezugsperson hat, auf die man sich immer verlassen kann und die einem mit Rat und Tat zur Seite steht. Genauso ist es auch beim Selbstvertrauen - man ist sich selbst diese starke Bezugsperson. Selbstvertrauen ist insbesondere in schwierigen Lebenslagen, bei Kritik, Problemen oder aber auch persönlichen Projekten wichtig. Denn hier kommt es darauf an, dass man darauf baut, mit dem eigenen Können, guten Ideen und Durchhaltevermögen sein Ziel zu erreichen bzw. sich aus der Krisensituation zu befreien - und das gegebenenfalls sogar allein.

Das Selbstwertgefühl existiert unabhängig davon, was man tut und in welchen Umständen man gerade lebt - zumindest sollte es das. Es bedeutet, seinen eigenen Wert zu erkennen und die eigene Persönlichkeit zu schätzen. Gemeint ist natürlich nicht, darüber nachzudenken, wie viel oder wenig Wert man hat, sondern zu wissen, dass man immer denselben Wert wie jeder andere Mensch hat. Jede Person ist wertvoll und besitzt von Geburt an die Menschenwürde, egal, wie arm oder reich er ist, wo er lebt, wo er herkommt, wie er aussieht, welches Geschlecht er hat, welcher Glaubensrichtung er angehört, welche Meinung und Interessen er hat, wie intelligent oder gebildet er ist, welche Charakterzüge er hat - kurzum: welche äußeren und inneren Eigenschaften er besitzt.

Diese Würde bzw. diesen Wert kann ihm niemand nehmen, weder durch Worte noch durch Taten. Er bleibt immer gleich. Leider ist das Selbstwertgefühl - also das Wissen, dass man selbst diesen Wert hat - so zerbrechlich wie kostbar. Je-der Misserfolg, jeder abschätzige Blick, jede stichelnde Bemerkung, jedes Gekicher verpasst ihm ein paar Kratzer - jedenfalls, wenn man nicht gelernt hat, dass der eigene Wert unantastbar ist. Mit einem starken Selbstwertgefühl verkraftet man Rückschläge und Krisen besser und findet leichter aus ihnen heraus. Außerdem lässt man sich durch die Meinungen anderer nicht beeinflussen oder herunterziehen und kann trotz schlechter Lebensumstände innerlich zufrieden und ausgeglichen sein. Somit ist das Selbstwertgefühl wichtig, um in allen Lebenslagen die psychische Gesundheit zu bewahren.

Selbstwertgefühl, Selbstbewusstsein und Selbstvertrauen sind drei Komponenten, die aufeinander auf-bauen und zusammen ein großes Ganzes bilden. Zuerst muss man den eigenen Wert erkennen und an-erkennen. Diese Erkenntnis trägt man dann bewusst in sich und gewinnt daraus Stärke, Optimismus, Authentizität und Zutrauen in die eigenen Fähigkeiten. Während die psychische Gesundheit abhängig vom Selbstwertgefühl ist, hängt ein positiver Lebensweg von Selbstbewusstsein und Selbstvertrauen ab, da diese notwendig sind, um das eigene Innere auch äußerlich zu verwirklichen. In diesem Buch geht es zum einen darum, dass Ihr Kind sich selbst als wertvoll erkennt, und zum anderen darum, dass es sich selbst kennenlernt und entsprechend seiner eigenen Persönlichkeit seinen eigenen Weg in eine gute Zukunft geht.

ANGST VS. MANGELNDES SELBSTBEWUSSTSEIN - WO LIEGT DER UNTERSCHIED?

Traut sich Ihr Kind manche Dinge nicht zu, die andere Kinder mutig und voller Enthusiasmus machen? Dann vermuten Sie vielleicht, dass Ihr Kind nicht selbstbewusst genug ist und unangemessene Ängste hat. Diese Vermutung ist aber selten richtig - selbstbewusst zu sein heißt nicht, alles zu machen, was andere tun, und sich dabei vielleicht sogar noch in Gefahr zu begeben. Ganz im Gegenteil - selbstbewusst ist derjenige, der seine eigenen Entscheidungen trifft und dazu steht.

Wenn alle Kinder vom Drei-Meter-Brett springen, aber Ihres nicht, ist Ihr Kind möglicherweise das einzige wirklich selbstbewusste, da es eben nicht mitmacht. Viele Kinder und auch Erwachsene neigen dazu, andere Menschen zu belächeln und auszulachen, wenn diese keine waghalsigen Aktionen machen oder einfach nicht das tun, was „für alle ganz normal" ist. Vielleicht mag Ihr Kind nicht den harten Aufprall im Wasser, vielleicht kann es nicht gut schwimmen, vielleicht hat es auch einfach keinen Spaß am Springen ins Wasser.

Na und? Nicht jeder muss das können und mögen. Und selbst wenn Ihr Kind aus Angst nicht springt, wäre es immer noch nicht selbstbewusst, wenn es trotz seiner Angst springen würde. Denn dann würde es einfach nur versuchen, zu sein wie die anderen - und dies ist alles andere als selbstbewusst. Zu echtem Selbstbewusstsein gehört, das zu tun, was man mag, und das zu lassen, was man nicht mag, egal, was andere denken oder sagen. Der größte Mut besteht darin, anders zu sein als die anderen und dies zuzugeben.

Bringen Sie Ihrem Kind daher bei, dass es vollkommen in Ordnung ist, wenn es sich anders verhält als andere und nicht die gleichen Sachen macht und mag wie sie. Drängen Sie es zu nichts. Wenn Sie be-merken, dass es sich bei etwas unwohl fühlt, sagen Sie ihm, dass es dies nicht tun muss, wenn es das nicht wirklich von selbst will (Ausnahme natürlich, wenn etwas unbedingt nötig ist). Seien Sie ihm auch selbst ein Vorbild, indem Sie kein Mitläufer sind. Sagen Sie Ihre Meinung gegenüber anderen und nehmen Sie deren Kritik gelassen, während Ihr Kind dabei ist. Tun Sie selbst, was Ihnen gefällt, und unterlassen Sie das, was Sie nicht mögen oder können (wiederum mit Ausnahme der Pflichten). Erklären Sie Ihrem Kind den Unterschied zwischen „etwas aus Verpflichtung oder Vernunft tun müssen" und „denken, dass man etwas tun muss, weil andere es tun". Machen Sie ihm klar, dass man nichts tun (oder lassen) muss, weil andere es tun (oder lassen). Loben Sie es, wenn es ehrlich zu seinen Interessen und Abneigungen steht, Kritik in Kauf nimmt und offen seine Meinung sagt.

So erziehen Sie ein Kind, das sich so leicht durch nichts und niemanden verbiegen lässt, sich seine eigene Meinung bildet, seinen eigenen Weg geht und auch für Menschen Partei ergreift, die ebenfalls nicht mit dem Strom schwimmen. Ein Mensch kann also durchaus Ängste haben und trotzdem selbstbewusst sein, sofern er offen zu seinen Ängsten steht. Ein hohes Selbstvertrauen wiederum kann zum Teil die Entstehung von Ängsten verhindern oder diese reduzieren, denn das Vertrauen in die eigenen Fähigkeiten stärkt den Glauben daran, diverse (auch schwierige) Situationen meistern zu können.

Hier ist zwischen Angst und vernünftiger Vorsicht zu unterscheiden, denn bei allem Selbstvertrauen sollte man gefährliche Situationen als solche erkennen und möglichst vermeiden. Selbstbewusst ist man wiederum, wenn man nicht nur objektiv gefährliche Situationen meidet, sondern auch solche, für welche die eigenen Fähigkeiten nicht ausreichen. Das heißt natürlich nicht, dass man sich die entsprechenden Fähigkeiten nicht aneignen kann, sofern man dies will.

Kurz gesagt: Es geht nicht darum, aus Ihrem Kind eine/n Draufgänger/in zu machen, sondern einen Menschen, der auf seine Fähigkeiten vertraut, sich seines eigenen Wesens bewusst ist und weiß, dass er immer wertvoll ist, egal, was er tut oder nicht tut.

Falls Ihr Kind Ängste hat, die es in seiner freien Lebensführung behindern, es quälen oder ernste Schwierigkeiten für seine Zukunft darstellen (wie zum Beispiel Schulangst, Prüfungsangst, Angst vor sozialen Kontakten oder vor etwas, mit dem es bei der Ausführung eines Wunschhobbys oder -berufs in Berührung kommt), reicht es natürlich nicht aus, einfach nur selbstbewusst dazu zu stehen.

Dies ist zwar trotzdem wichtig, zumal die Erkenntnis und der offene Umgang mit der Angst die Basis für die Bearbeitung sind. Kann die Angst nicht allein durch den Aufbau von Selbstvertrauen „unschädlich gemacht" werden, ist es für die Zukunft Ihres Kindes aber möglicherweise notwendig, die Angst mithilfe einer Therapie zu bearbeiten. Dies sollte natürlich nur mit Einverständnis Ihres Kindes geschehen - es ist dann Ihre Aufgabe, es vernünftig und in Ruhe davon zu überzeugen, sofern es nicht ohnehin von selbst den Antrieb dazu hat. Um dieses Thema soll es jedoch in diesem Buch nicht gehen. Infor-mieren Sie sich gegebenenfalls bitte in der entsprechenden Fachliteratur, bei Beratungsstellen oder einem Psychologen.

Die kindliche Entwicklung – kein leichter Weg

Die Kindheit ist die einfachste und schönste Phase des Lebens – so sollte man meinen. Besonders in der frühen Kindheit gibt es noch keine Verpflichtungen, man kann einfach Spaß haben und sein Leben genießen. Auch im Schulalter ist ein junger Mensch noch ziemlich frei, bis auf den Umstand, dass er eben zur Schule gehen muss, was aber nicht vergleichbar mit dem Stress des Erwachsenenlebens ist. So denken viele Menschen, auch wenn sie eigene Kinder haben. Ja, die Kindheit kann und sollte eine wunderbare Phase voller Leichtigkeit und Frohsinn sein, in der man sich einfach frei entfalten und die eigene Persönlichkeit entdecken kann. In der Realität sieht es oft anders aus.

VOR WELCHEN HERAUSFORDERUNGEN STEHT EIN KIND (HEUTE) AUF DEM WEG INS ERWACHSENENLEBEN?

Einmal abgesehen von den Gefahren für die Entwicklung der Persönlichkeit, die durch Erziehungsfehler drohen (siehe dazu das entsprechende eigene Kapitel), gibt es diverse Faktoren in unserer Welt, die das kindliche Selbst vor große Herausforderungen stellen. Bereits während der Kindheit führen diese Faktoren nicht selten zu ernsten psychischen Problemen, rauben dem Kind die Unbeschwertheit und damit die Basis für ein zufriedenes Leben. Man möchte sich doch immer an eine schöne Kindheit zu-rückerinnern und sich daran stärken. Fehlt dieser innere Rückhalt, fehlt ein großer Stein im Fundament für eine glückliche Zukunft. Noch schlimmer ist aber, dass sich negative Erfahrungen und selbstentfremdende Einflüsse aus der Kindheit für immer einprägen, das ganze Leben beeinflussen und nur mit sehr großem Aufwand möglicherweise rückgängig gemacht werden können.

Je nach Kulturkreis und gesellschaftlichen Verhältnissen sind die Kinder vor unterschiedliche Schwierigkeiten gestellt - in diesem Buch soll nur auf die Herausforderungen in unserer hiesigen Gesellschaft zum heutigen Zeitpunkt eingegangen werden.

Zum einen ist da der Gruppenzwang durch Gleichaltrige. Dieser beginnt nicht etwa erst im Teenager-Alter, sondern kann schon ab dem Zeitpunkt, zu dem Ihr Kind zum ersten Mal mit anderen Kindern in Kontakt kommt, auftreten. Das hängt natürlich davon ab, wie tolerant die anderen Kinder (und ihre Eltern) sind und ob der Charakter Ihres Kindes bereits gefestigt ist. Ihr Kind beobachtet, wie die anderen Kinder sich verhalten und wie sie untereinander auf das jeweilige Verhalten der anderen reagieren. Auch die Reaktionen der anderen Kinder auf das eigene Verhalten nimmt es selbstverständlich wahr. So lernt es, was „gut" und was „schlecht" ist und neigt dazu, die Verhaltensweisen zu wiederholen, die vermeintlich „gut" sind. Das „schlechte" Verhalten versucht es hingegen, zu vermeiden.

Wenn es sich bei den abgeguckten Verhaltensweisen um etwas tatsächlich Nützliches handelt, was Ihr Kind zum Beispiel vor Gefahren schützt, ist dieser Prozess sinnvoll. Oft aber ist das betreffende Verhalten weder gut noch schlecht, sondern einfach anders. In Situationen, in denen eigentlich jeder Mensch ganz er selbst sein könnte, entwickelt Ihr Kind das Denken, „Die anderen machen das so, dann muss ich es auch so machen", oder, „Die anderen mögen mich nur, wenn ich mich so und so verhalte".

Gruppenzwang bezieht sich auf etliche Banalitäten, wie zum Beispiel die Kleidung, die Spielsachen, die Musik, das Essen und Trinken oder die Freizeitaktivitäten, aber auch auf so wichtige Dinge wie den Umgang mit anderen Menschen, die Toleranz für Andersdenkende, das Umweltbewusstsein, die Lebens- und Berufsziele oder das Lernverhalten in der Schule. Sogar gefährlich werden kann Gruppenzwang, wenn es dabei nämlich um Mutproben geht. In jedem Fall wird Ihr Kind in einem oder mehreren Bereichen seiner Entwicklung stark beeinflusst. Sobald Sie merken, dass Ihr Kind sich plötzlich anders verhält oder etwas anderes will, als es das vor dem Kontakt mit bestimmten anderen Kindern getan hat, sollten Sie hellhörig werden. Wenn es auf die Frage, „Warum machst/willst du denn das?", auch noch mit, „Weil alle das machen/haben", antwortet, können Sie sicher sein, dass Ihr Kind unter dem Einfluss von Gruppenzwang steht.

Ein nicht zu unterschätzender Einfluss kommt in unserer modernen Welt erschwerend hinzu: Von Baby an bekommt ein junger Mensch im Fernsehen vorgelebt, wie man sich zu verhalten und wie man auszusehen hat. Viele Eltern geben zudem bereits ihren Kleinkindern Smartphones in die Hand oder lassen sie am Computer spielen (teils sogar Spiele, die erst für Erwachsene zugelassen sind). Als verantwortungsbewusste Eltern haben Sie Ihr Kind vielleicht schon von solchen „Informationsquellen" ferngehalten.

Möglicherweise haben Sie aber auch trotz besseren Wissens dem Drängen Ihres Kindes nachgegeben und ihm das erlaubt, „was alle machen", damit es nicht ausgegrenzt wird. In der Grundschule gibt es heutzutage kaum noch ein Kind, das keine PC-Spiele spielt, nicht die neuesten Filme und Serien kennt und nicht in mindestens einem sozialen Netzwerk aktiv ist. Ab der fünften Klasse werden dann meist sogar von den Klassenverbänden WhatsApp-Gruppen eingerichtet und man ist nur noch cool, wenn man einen TikTok- und/oder Y-ouTube-Kanal hat.

Die Kinder haben viel zu viel Zugang zu Informationen, die sie gar nicht verarbeiten können, und werden durch die unzähligen Einflüsse stark verunsichert. Hinzu kommt, dass ein großer Teil der Kindheit, die eigentlich der Selbstentfaltung dient, vor Computern und Smartphones verbracht wird. Auf diese Art vergeht diese wichtige Phase des Lebens einfach, ohne richtig genutzt zu werden. Der exzessive Gebrauch von Medien führt zudem nicht selten zu einem suchtähnlichen Verhalten und zu einer Vernachlässigung des schulischen Lernens sowie echter sozialer Kontakte.

Besonders gefährlich ist der direkte Einfluss, den (oft sogar wildfremde) Gleichaltrige und Ältere auf die Kinder nehmen. Von Ferne fühlen sie sich stark, sodass sie Kinder und Jugendliche mobben, die zum Beispiel mit ihrem Aussehen, ihrer Herkunft, ihren Interessen, ihrem Verhalten oder den Besitz-verhältnissen ihrer Eltern nicht in die Norm passen oder auf sonstige Art angreifbar wirken. Insbesondere auch Kinder, die sich nicht wie „typische Jungen" oder „

typische Mädchen" verhalten, sind oft Opfer solcher Attacken. „Cybermobbing" nennen sich diese Untaten, die für die Psyche noch gefährlicher sind als das „ normale" Mobbing auf dem Schulhof. Dieses gibt es aber natürlich auch immer noch. In jedem dieser Fälle merkt sich Ihr Kind Überzeugungen wie, „Ich bin nicht gut genug", oder, „Ich muss anders sein, um gemocht zu werden". Es hat die Wahl, sich zu verstellen oder immer weiter drangsaliert zu werden - nicht selten geschieht aber beides auf einmal.

Auch die ganz normalen, eigentlich neutralen Anforderungen der Entwicklung bedürfen jedoch eines starken Selbstbewusstseins. Selbst ohne Mobbing ist es schwierig genug, die eigene Persönlichkeit zu entwickeln, wenn man diverse Ansprüche und Normen aus dem persönlichen Umfeld und der allgemeinen Gesellschaft wahrnimmt. Der Wunsch, man selbst zu sein, streitet sich mit dem Wunsch, akzeptiert zu werden. Letzten Endes ist es meist das Streben nach Anerkennung und Liebe, das über die persönlichen Ziele und Vorlieben siegt - es sei denn, die Eltern vermitteln dem Kind ein hohes Selbstwertgefühl.

In der Schule beginnt dann der Leistungsdruck. Schon Grundschulkinder bekommen von Eltern, Großeltern, Onkeln, Tanten und teils auch Lehrern zu hören, dass sie sich anstrengen müssen, um im Leben etwas zu werden. Während sich die eigene Persönlichkeit noch nicht einmal voll ausgebildet hat, geht es schon darum, später mal einen guten Schulabschluss zu machen und einen gut bezahlten Job zu finden. Natürlich bauen alle Leistungen in der Schule aufeinander auf und es ist erstrebenswert, einen guten Abschluss zu absolvieren. Wenn darüber das eigene Selbst und die unbeschwerte Kindheit verloren gehen, ist das allerdings ziemlich wenig wert.

Druck bringt im Allgemeinen ohnehin sehr wenig Gutes, aber viel Schlechtes - das Kind verliert die Lust am Lernen, indem es den Stress von außen spürt. Man muss auch bedenken, dass die Schüler In-halte lernen müssen, die sie persönlich überhaupt nicht interessieren und die nicht ihren Talenten entsprechen, aber trotzdem werden gute Noten von ihnen erwartet. Der individuelle Charakter zählt im allgemeinen Schulsystem leider nicht. Die Schulzeit ist für die meisten Kinder und Jugendlichen daher mehr ein notwendiges Übel als eine angenehme Zeit, in der sie sich auf ihr eigenes zukünftiges Leben vorbereiten könnten. Als Eltern sollten Sie dies berücksichtigen, wenn Sie Ihr Kind zum Lernen motivieren wollen bzw. müssen. Mit zunehmendem Alter stehen die Heranwachsenden dann auch vor der Frage, welchen Beruf sie nach Ende ihrer Schulzeit ausüben möchten bzw. welches Studium oder welche Ausbildung sie anstreben. Auch hier gibt es wieder viele Erwachsene, die fleißig mitreden, sodass es schwer wird, die eigenen Wünsche wirklich zu erkennen und durchzusetzen.

Eine Herausforderung ist außerdem der Alltag an sich - nicht nur, dass die Kinder zur Schule gehen müssen, hinterher noch diverse Hausaufgaben haben und in manchen Wochen drei Klassenarbeiten schreiben, sondern auch im privaten Bereich sind die Terminkalender oft zu voll. Es fehlt Zeit, um einfach spontan das zu tun, wozu man gerade Lust hat. Für Scheidungskinder ist die Situation sogar noch schwieriger, da sie ständig zwischen den beiden Elternteilen hin- und herreisen müssen. Die psychische Belastung durch Trennung der Eltern oder Streitigkeiten in einer bestehenden Beziehung ist ebenfalls nicht zu unterschätzen. Auch Ihr Kind selbst kommt zudem eines Tages an den Punkt seines Lebens, wo es die erste Liebe erlebt und die erste Trennung folgt. In Freundschaften kann es ebenfalls zu Streit und Vertrauensbrüchen kommen, welche für Ihr Kind einen herben Schlag bedeuten. Neben alldem muss sich Ihr Kind auch noch zu einem selbstständigen, unabhängigen Wesen entwickeln, das sein Berufs- und Alltagsleben allein meistern und möglicherweise selbst eine Familie gründen kann.

Sie sehen: Um die Herausforderungen des Heranwachsens zu bestehen und als gefestigter, individueller Mensch in unserer Gesellschaft leben zu können, ist ein starkes Selbstbewusstsein die unbedingte Voraussetzung.

DIE ROLLE DER ELTERN FÜR DIE ENTWICKLUNG DES KINDES

Ein starkes Selbstbewusstsein entwickelt sich aber nicht einfach so, sondern bedarf der richtigen Er-ziehung. Zwar kommt ein Kind (fast) ohne Vorprägungen zur Welt, die sein Selbstwertgefühl schmälern könnten, und es verhält sich auch noch ganz natürlich, ohne von irgendjemandem oder irgendetwas beeinflusst worden zu sein. Diese Phase, in der das Kind wirklich noch es selbst ist, also seiner Seele bzw. seinem eigenen Inneren entsprechend lebt, dauert aber sehr kurze Zeit und leider kann es in dieser Zeit noch kaum etwas tun. Während es allmählich die nötigen körperlichen und geistigen Fertigkeiten erlernt, um sich fortbewegen, sprechen, spielen und Lieblingsaktivitäten nachgehen zu können, nimmt es aus seiner Umgebung diverse Eindrücke auf und sammelt Erfahrungen.

Jeder dieser Eindrücke und jede dieser Erfahrungen wird gespeichert und dient dem Gehirn dazu, Ver-haltens- und Denkmuster zu entwickeln. Jeder Mensch hat natürlich den Wunsch, zufrieden und gesund zu sein und von anderen gemocht zu werden. Das Verhalten wird also in der Art angepasst, dass man in einer möglichst „heilen Welt“ lebt. Dieser Prozess geht ein Leben lang weiter, jedoch ist die frühe Kindheit die prägendste Phase. Was sich dort einspeichert, gräbt sich bis ins tiefste Unterbewusstsein ein. Das liegt insbesondere daran, dass die Eindrücke unbewusst verarbeitet werden und auch die Verhaltens- und Denkmuster sich unbewusst entwickeln.

Je nachdem, welche Eindrücke und Erfahrungen überwiegen, wird das Selbstbewusstsein gestärkt oder geschwächt. Bekommt Ihr Kind zum Beispiel selten Lob für etwas, das ihm Spaß macht, aber wird oft für etwas gelobt, das ihm keinen Spaß macht, entwickelt es nach und nach das Denken: „Was ich möchte, ist nicht gut. Ich muss anders sein, um gemocht zu werden.“ Noch intensiver ist der Effekt natürlich, wenn das Kind für die Dinge, die es gern tut, kritisiert wird oder es diese überhaupt nicht tun darf.

Die Überzeugung, nicht gut genug zu sein und anders sein zu müssen, um zu gefallen, speichert sich tief ein und wirkt sich auf die grundsätzliche Haltung aus. Das Kind wird dann immer bemüht sein, anderen zu gefallen (zum Beispiel auch Mitschülern), kaum seine eigenen Wünsche verfolgen und auch gegebenenfalls unter Mobbing sehr leiden. Umgekehrt wird ein Kind, das schon früh erfahren hat, dass es für die eigenen Vorlieben und Fähigkeiten gelobt wird, und die Freiheit bekommen hat, um sich selbst nach seinen Wünschen zu verwirklichen, innerlich stark sein, seinen eigenen Weg gehen und sich wenig darum kümmern, ob anderen dies gefällt oder nicht.

Was können Sie nun aber persönlich dafür tun, dass Ihr Kind so ein starker Mensch wird? Sie können Ihr Kind schließlich nicht davor bewahren, negative Erfahrungen zu sammeln und von anderen für das eigene Selbst angegriffen oder missachtet zu werden. Das spielt aber auch nur eine vergleichsweise geringe Rolle. Was eine Rolle - die entscheidende Rolle - spielt, ist Ihr Verhalten gegenüber Ihrem Kind. Sie als Eltern sind seine Hauptbezugspersonen, seine „ Lieblingsmenschen", seine direkten und wichtigsten Vorbilder. Wie Sie mit ihm umgehen und was Sie ihm vermitteln, wirkt unmittelbar auf sein Selbstwertgefühl. Ihr Kind schaut sich nicht nur alltägliche Verhaltensweisen von Ihnen ab und bildet insofern seine Fertigkeiten aus, sondern es beobachtet Sie in allem ganz genau.

Es sieht zum Beispiel, wie Sie an Schwierigkeiten verzweifeln oder diese mit klarem Kopf lösen, wie Sie bei Kritik von anderen Menschen zusammenzucken oder einfach lächeln, wie Sie gestresst herum-laufen oder gelassen durch das Leben gehen. Es sieht auch, wie Sie ewig vor dem Spiegel stehen oder kurz einen anerkennenden Blick hineinwerfen und dann einfach losgehen, wie Sie Spaß an Ihren Lieblingsbeschäftigungen haben oder gequält versuchen, an den Lieblingsbeschäftigungen anderer Menschen Spaß zu haben, wie Sie ehrlich zu Ihren Fehlern stehen oder diese versuchen, zu vertuschen.

Kurz gesagt: Ihrem Kind entgeht nichts und so, wie Sie sich in allen Situationen des Lebens verhalten, denkt es, dass dies richtig sei. Infolgedessen kopiert es natürlich Ihre Verhaltensweisen. Das heißt: Wenn Sie selbstbewusst sind, wird Ihr Kind es wahrscheinlich auch, und wenn Sie es nicht sind, wird es dies wahrscheinlich nicht. Ist ein Elternteil selbstbewusst und der andere nicht, kann Ihr Kind sich in beide Richtungen entwickeln, je nachdem, mit wem es sich mehr identifiziert.

Ein weiterer, noch bedeutenderer Faktor ist aber Ihr Umgang mit Ihrem Kind bzw. seiner wahren Persönlichkeit. Versuchen Sie, es zu verbiegen, nach Ihren Wünschen oder allgemeinen Ansichten zu formen, engen Sie es in seiner freien Entfaltung ein, missachten seine Wünsche oder geben ihm in sonstiger Weise den Eindruck, dass es als es selbst nicht genug wert für Sie sei, dann erzeugen Sie damit ein schwaches Selbstbewusstsein. Fördern Sie es in seinen eigenen Fähigkeiten und Interessen, geben ihm Rückhalt und Vertrauen, lassen es sich frei entfalten und akzeptieren es so, wie es ist, dann weiß es, dass es wertvoll ist, und wird den fremden und oftmals nicht sehr netten Menschen „ da draußen“ erhobenen Hauptes begegnen.

Auch der Einfluss anderer nahestehender Personen und Vorbilder, wie zum Beispiel der Großeltern, enger Freunde oder eines Babysitters, darf aber nicht unterschätzt werden. Durch solche Bezugspersonen ist es zwar zum einen möglich, dass Kinder mit einem nicht so guten Elternhaus trotzdem zu starken Menschen heranwachsen, aber andererseits können sie auch das, was Sie als gute Eltern aufbauen, wieder zerstören. Achten Sie möglichst darauf, dass alle engen Bezugspersonen Ihres Kindes so wie Sie darauf bedacht sind, Ihr Kind in seiner eigenen Persönlichkeit zu fördern, zu akzeptieren und zu lieben, und dass Sie selbst in der Erziehung wirklich alles richtig machen. Was Sie dabei unbedingt vermeiden müssen, lesen Sie im nächsten Kapitel, bevor Sie anschließend erfahren, wie Sie sich richtig verhalten.

Typische Fehler in der Erziehung eines Kindes

In diesem Kapitel möchte ich Ihnen anhand von Fallbeispielen einige Erziehungsfehler vorstellen, durch welche Sie die Entwicklung und das Selbstbewusstsein Ihres Kindes nachhaltig beeinträchtigen. Vielleicht haben Sie einige dieser Fehler in der Vergangenheit schon begangen, weil Sie es nicht besser wussten. Doch es ist nie zu spät, den Kurs zu ändern. Sie müssen sich dann mehr anstrengen, als wenn Sie von Anfang an alles richtig gemacht hätten, denn Sie müssen das schon beschädigte Selbstwertgefühl Ihres Kindes wiederaufbauen.

Aber die Mühe lohnt sich, schließlich geht es um das Wohlbefinden und die Zukunft Ihres geliebten Nachwuchses. Auch wenn Sie der Meinung sind, bisher keine Fehler gemacht zu haben, lesen Sie sich bitte trotzdem alles gut durch. Vielleicht sind Sie sich eines Fehlers bislang einfach nicht bewusst. Auf jeden Fall lernen Sie auf die Art, achtsam in Bezug auf Ihr Verhalten zu sein, um nicht in Zukunft versehentlich etwas falsch zu machen.

FALLBEISPIEL PAUL

Paul ist acht Jahre alt. Sein Vater ist begeisterter Fußballfan, verpasst kein Spiel seines Lieblingsvereins und fährt zu Zeiten der EM und WM mit voll beflaggtem Auto. In seiner Kindheit hat er davon geträumt, selbst einmal Fußballer zu werden. Doch er hat vergeblich versucht, seine Eltern zu motivieren, ihn im Verein spielen zu lassen. Zu gefährlich sei das, man sehe und höre ja immer wieder von den schweren Verletzungen auf dem Spielfeld. Außerdem sollte ihr Sohn lieber etwas „Richtiges" lernen. So blieb es beim Bolzen mit seinen Kumpeln. Als Pauls Vater 16 Jahre alt war, sahen seine Eltern plötzlich ein, dass Fußball doch gar nicht so schlimm ist. Doch da war es zu spät, um noch die er-träumte Karriere zu beginnen. Er hat seinen Eltern nie verziehen, dass sie ihm seine Fußballer-Zukunft verbaut haben. Umso euphorischer verfolgt er jedes mögliche Spiel im Stadion und ansonsten vor dem Fernseher.

Paul ist damit aufgewachsen, er kennt es nicht anders. Er muss natürlich mitschauen und mitjubeln. Das tut er auch und um seinen Vater nicht zu enttäuschen, macht er das sogar sehr überzeugend. Auch die kleinen Fußballspiele im Garten und auf dem naheliegenden Sportplatz macht er brav mit. Er ist gar nicht mal schlecht - ziemlich gut sogar, findet sein Vater. Schnell hat er in seinem Sohn den kommenden Fußball-Star entdeckt, der er selbst nie werden durfte. Mit acht Jahren wird es allmählich Zeit, denkt er, und so meldet er Paul im Fußballverein der Kleinstadt an. Es soll eine Überraschung zu Weihnachten werden.

Die Überraschung ist geglückt - nur anders als gedacht. Paul weiß nicht, wie ihm geschieht. Er und Fußball - so richtig? Mal ein bisschen mit dem Vater zu bolzen ist das eine, aber im Verein zu spielen ist etwas ganz anderes. Und dann auch noch der Satz, den sein Vater dazugeschrieben hat: „Für meinen kleinen Bastian Schweinsteiger." Bekräftigend sagt er zu Paul: „Ja, jetzt kannst du endlich richtig zeigen, was in dir steckt. Du wirst bestimmt mal ein ganz großer Star!" Paul fühlt sich wie vom Donner gerührt, aber lächelt und bedankt sich artig. Eigentlich mag er Fußball nicht so gern. Er ist eher ein stiller, empfindsamer Junge. Er zeichnet gern und beobachtet stundenlang die Natur. Doch nun muss er Fußball spielen.

Natürlich geht er zum Training, seinem Vater zuliebe. Nach dem ersten Tag möchte er am liebsten nie mehr dahin. Nicht nur, dass die anderen viel besser sind als er, da sie wirklich an Fußball interessiert sind und schon viel geübt haben. Sie lachen ihn auch noch aus, weil er „schießt wie ein Mädchen" und weint, als er über das Bein eines anderen Kindes stolpert und sich beim Sturz ein Knie aufschlägt. Vor seinen Eltern zeigt er nicht, wie es ihm geht. Das aufgeschlagene Knie ist für seinen Vater ein Beweis, dass „es ja schon richtig zur Sache ging".

Seine Mutter, die das Vorhaben eigentlich unterstützt, guckt nun doch ein wenig bedenklich, aber sie sagt nichts. Sie möchte dem Traum nicht im Weg stehen. Dass es gar nicht Pauls Traum ist, sondern nur der seines Vaters, ahnt sie nicht. Seit Paul klein war, hat sie die beiden einträchtig beim Fußball gesehen. Also ermutigt sie Paul, weiterzumachen - aller Anfang sei eben schwer. Damit hat sie zwar Recht, jedoch sollte man keine Dinge anfangen, die man nicht tun möchte und die nicht den Talenten entsprechen. Paul hätte sich zu Weihnachten über einen Zeichenblock und ein paar Stifte oder über ein Fernglas für seine Naturbeobachtungen gefreut.

Jeder Mensch ist anders und hat eigene Träume. Nur, weil Sie als Kind etwas Bestimmtes tun wollten oder jetzt etwas Bestimmtes mögen, muss Ihr Kind nicht das Gleiche tun oder mögen. Vorlieben und Fähigkeiten liegen nicht in den Genen, sondern in der Seele. Ihr Kind ist ein eigener Mensch, keine Kopie von Ihnen und auch keine Möglichkeit, um Ihre eigenen unerfüllten Träume auszuleben. Respektieren Sie Ihr Kind so, wie es ist, mit seinen eigenen Eigenschaften, Wünschen und Talenten.

FALLBEISPIEL SOPHIE

Die neunjährige Sophie ist ein richtiges „Barbie-Girl". Ihr Zimmer ist ganz in Pink gestrichen, vor den Fenstern befinden sich Tüllgardinen mit Blumenornamenten, ihr Bett ist weiß mit rosafarbener Bett-wäsche. Die restlichen Möbel sind ebenfalls weiß und auf dem Boden liegt ein großer, weißer Teppich mit rosa Blümchen. Auch die Garderobe ist typisch Mädchen - nicht nur, dass ihr Kleiderschrank wie der Schuhschrank aus allen Nähten platzt, sondern auch der Inhalt gibt Aufschluss über ihr Ge-schlecht. Röcke, Kleider, Blusen - alles in Pastellfarben, Pink oder Weiß, mit Blümchen oder Rüschen. Ihre Haare trägt sie zu Zöpfen geflochten oder offen mit einem Haarreif mit Schleife. In ihrem Regal befinden sich Bücher mit Geschichten über Feen, Elfen, Einhörner und Pferde sowie Modemagazine. Und mit was spielt sie? Mit Puppen natürlich.

Zumindest tut sie so als ob. Heimlich leiht sie sich die ferngesteuerten Autos und die Abenteuer-Hörbücher ihres Bruders, der ein Jahr jünger als sie ist. Seine Kleidung passt ihr ebenfalls, das hat sie auch schon heimlich probiert und sich dabei endlich mal wie sie selbst gefühlt. Seit ihre Eltern sie nicht mehr zur Schule bringen und abholen, nimmt sie sich manchmal ein paar Kleidungsstücke ihres Bruders mit und zieht sich unterwegs um. Mit den Jungs aus ihrer Klasse spielt Sophie in der Pause Fußball oder mit den Autos, die diese manchmal mitbringen. Sie ist ein beliebtes Mädchen.

Das war nicht immer so - zu Anfang wollten die Jungs nichts mit der „Prinzessin" zu tun haben und die Mädchen wussten nicht recht, was sie von ihr halten sollten, da Sophie ihnen gegenüber ziemlich zurückhaltend war. Alles änderte sich an jenem Tag in der zweiten Klasse. Sophie schaute in der Pause den Jungs beim Fußballspielen zu. „Was starrst du denn so? Noch nie 'nen Ball gesehen?", rief einer zu ihr herüber. Sophie war gekränkt, aber auch wütend. „Doch", rief sie, „und ich kann sogar besser damit umgehen als ihr! " Natürlich lachten die Jungs sie aus, aber sie ließ nicht locker: „Lasst mich mitspielen, dann zeige ich's euch!"

Sie hatte oft mit ihren Cousins gespielt, wenn sie bei diesen zu Besuch war (natürlich ohne das Wissen ihrer Eltern - sie bat Onkel und Tante, ihnen nichts zu erzählen). Die Jungs willigten ein - der Beste von ihnen sollte gegen Sophie spielen. Wenn sie gewinnen würde, dürfte sie in Zukunft mitspielen. Die ganze Klasse und auch die Pausenaufsicht hatten sich um sie versammelt. Einige kicherten. Sophie hörte nicht hin, sie sah nur den Ball und das Tor. Sie dribbelte gekonnt, schoss passgenau und gewann mit 8:1 - in einem rosa Kleidchen und Ballerinas. Allen standen die Münder offen. Seitdem akzeptieren sie die Jungs und die Mädchen schauen zu ihr auf.

Heute wissen alle in der Klasse, dass Sophie zuhause jemand sein muss, der sie nicht ist, und reden ihr gut zu, dass sie ihren Eltern das offen sagen sollte. Auch ihr Bruder ist auf ihrer Seite. Er leiht sich manchmal ihre Puppen aus. Auch heimlich, versteht sich. Doch ihre Eltern - ein „typischer Mann" und eine „typische Frau" - verstehen das nicht. Sophie hat beim gemeinsamen Shoppen öfter schon mal ehrlich gesagt, welche Kleidung, welches Spielzeug und welche Bücher sie gern haben würde. Als Antwort erhielt sie immer nur einen entrüsteten Ausruf: „Das ist doch nichts für Mädchen! Guck mal, das da ist schön, das kaufen wir jetzt." Und wieder hatte sie eine neue Puppe oder ein neues rosa Rüschenkleidchen und war sehr unglücklich.

Durch den Rückhalt ihrer Freunde fühlt Sophie sich zwar stärker, aber wenn sie mit ihren Eltern zusammen ist oder an sie denkt, wird sie oft traurig. Schließlich mögen diese sie anscheinend nicht so, wie sie wirklich ist. So richtig weiß sie auch nicht einmal, wer sie ist. Darüber grübelt sie oft. Sollte sie sich lieber anpassen und das Mädchen sein, das ihre Eltern haben wollen? Immerhin sollten diese ja eigentlich wissen, was gut für sie ist und wie man sein muss, um ein gutes Leben zu führen. Vielleicht stimmt mit ihr irgendetwas nicht?

Mit ihren neun Jahren ist sie jetzt so reif, dass sie schon ernsthaft über ihre Berufswünsche nachdenkt. Auch da ist sie sich mit ihren Eltern nicht einig. Sophie ist überragend gut in Mathe und interessiert sich sehr für Technik. Als die Kinder einmal in der Schule einen Roboter gebaut haben, war sie Feuer und Flamme. Ihre Eltern sehen in ihr jedoch eine Sekretärin, eine Flugbegleiterin oder eine Kinder-gärtnerin. Etwas „typisch Weibliches" eben. An diesem Punkt wird es nicht nur für das Selbstbewusst-sein, sondern auch für die Zukunft von Sophie gefährlich. Wenn sie es nicht schafft, sich gegen ihre Eltern durchzusetzen, geht der Welt ein kleines mathematisches und technisches Genie verloren und Sophie verliert die Chance auf ein glückliches, erfülltes Leben.

„Typisch weiblich" und „typisch männlich" gibt es nicht. Jeder einzelne Mensch kann nur typisch er selbst sein. Das biologische Geschlecht sagt nichts über den Charakter aus. Achten Sie darauf, niemals in Stereotypen bzw. Vorurteilen zu denken - auch nicht in anderen, wie zum Beispiel, „Als Künstler kann man doch seinen Lebensunterhalt nicht verdienen, lern' lieber etwas Richtiges", oder, „Dass du so schlecht in Englisch bist, hast du von deinem Vater geerbt". Akzeptieren Sie Ihr Kind so, wie es ist, und lassen Sie es frei entscheiden. Ihr Kind möchte sich von Ihnen geliebt fühlen und sein Leben mit Ihnen teilen, und zwar so, wie sein wahrer Charakter ist. Es sollte niemals das Gefühl haben, sein wahres Ich vor Ihnen verheimlichen zu müssen. Dann besteht keine Vertrauensbasis zwischen Ihnen und Ihrem Kind. Manche Kinder haben das Glück, dass Freunde oder andere Verwandte ihr Selbstbewusstsein aufbauen, aber wirklich gut fühlen kann sich ein Kind nur, wenn es von seinen Eltern mit seinem wahren Wesen geliebt wird.

FALLBEISPIEL MAX

Max ist ein intelligenter Junge und hat eigentlich kaum Schwierigkeiten in der Schule. Lernen ist zwar nicht die Lieblingsbeschäftigung des Sechstklässlers, aber er weiß, dass das manchmal nötig ist. Seine Noten geben eigentlich keinen

Grund zur Sorge. Er schreibt zwar keine Einsen, aber hin und wieder Zweien und ansonsten Dreien. Das war nie anders bei ihm. Die Lehrer sind mit ihm zufrieden, er beteiligt sich gut am Unterrichtsgespräch und stört selten. Für diese Leistungen muss er nicht allzu viel Zeit in das Lernen investieren und kann sich mit anderen Dingen beschäftigen, die er wichtig findet. In seiner Freizeit spielt Max Gitarre, macht Kunststücke mit seinem Roller auf der Skaterbahn und geht schwimmen. Das nimmt alles zusammen ziemlich viel Zeit in Anspruch - zu viel, finden seine Eltern.

Sie machen sich Sorgen, dass Max in der Schule abrutschen könnte, wenn er „es weiter so schleifen-lässt". Ihrer Meinung nach sollte er zusätzlich zu den Hausaufgaben, die er von der Schule üppig bekommt und an denen er daher ohnehin meist schon zwei Stunden täglich sitzt, noch zwei Stunden pro Tag lernen. Natürlich direkt nachmittags, wenn er um 14:30 Uhr nachhause kommt (da man sich ja abends nicht mehr konzentrieren kann), und auch am Wochenende. Diesen Plan haben sie Max mitgeteilt, nachdem er eine Serie von Dreien nachhause gebracht hat. So könne es ja nicht weitergehen, aus ihm solle doch mal etwas werden - wer stelle schließlich jemanden ein, der seinen Schulabschluss nur mit einer Drei im Durchschnitt geschafft hat. Mal ganz abgesehen vom Studieren, das sie eigentlich für Max vorgesehen haben.

Max hat schon zwei mögliche Berufe im Auge, die ihm gefallen würden und bei denen ein Mittlerer Schulabschluss mit einer Drei für die Ausbildung genügen würde. Außerdem hat er bis zum Schulabschluss gleich welcher Art noch lange Zeit. Seine Eltern wollen davon nichts hören. Für sie wird es jetzt in der Sechsten langsam Zeit, sich „endlich mal auf den Hintern zu setzen und zu pauken". Zeit zum Spielen und für Hobbys sei in den letzten zwölf Jahren genug gewesen. In nachdrücklichem Ton erklären sie Max, dass er ab sofort keinen Gitarrenunterricht mehr nehmen könne und nur noch einmal pro Woche auf die Skaterbahn dürfe. Schwimmen sei weiterhin in Ordnung, denn es sei ja gut für die Gesundheit.

Der Zwölfjährige protestiert vehement. Warum soll er seine geliebten Freizeitaktivitäten nicht mehr ausüben, obwohl seine Noten absolut okay sind? „ Das verstehst du noch nicht, aber später wirst du uns dankbar sein", entgegnen seine Eltern. Max ist machtlos. Den Gitarrenunterricht selbst bezahlen kann er nicht und einfach von zuhause wegbleiben kann er auch nicht. Seine Eltern haben ihm bereits, als er einmal zu spät von der Schule kam, damit gedroht, dass sie ihm seinen Roller ganz wegnehmen würden. Sofort nach dem Mittagessen muss er sich an die Hausaufgaben setzen und dann nach kurzer Pause direkt lernen. Bei jedem Wetter. Seine Eltern schauen in kurzen Abständen immer wieder in sein Zimmer, um zu sehen, ob er wirklich lernt. Wenn nicht, gibt es ein Donnerwetter und er muss zur Strafe noch länger lernen.

Das geht nun seit einiger Zeit so. Max ist zunehmend in sich gekehrt, mürrisch und lustlos. Selbst wenn er auf die Skaterbahn darf oder in seinem Zimmer allein auf der Gitarre spielt, ist er nicht fröhlich. Es tut mehr weh, als dass es Spaß macht. Zumal er davon geträumt hat, demnächst in der Schul-band mitspielen zu können. Zum Schwimmen mag er sowieso nicht mehr gehen, da dies das gebilligte Hobby seiner Eltern ist. Seine Lehrer und Freunde bemerken, dass es Max nicht gutgeht, doch sie be-kommen nichts aus ihm heraus. Nur seiner festen Freundin erzählt er alles, bittet aber um Geheimhaltung. Sie darf er auch nur noch selten sehen - für die Liebe sei später noch Zeit, jetzt habe die Schule Vorrang.

Max hofft im Stillen, dass er wieder mehr Freizeit (bzw. Freiheit) haben darf, wenn seine Noten besser werden. Doch er ist zunehmend unkonzentriert, kann sich Dinge schlecht merken und macht viele Fehler. Auch seine mündliche Beteiligung ist stark zurückgegangen. „Siehst du, wir haben dir ja gesagt, dass du dich mehr anstrengen musst!", schimpfen seine Eltern, als er die erste Vier nachhause bringt. Bei der folgenden Fünf nehmen sie ihm die Gitarre weg. „Bestimmt übst du heimlich die Griffe, anstatt zu lernen!" Seine Zensuren ändern sich dadurch nicht, jedenfalls nicht zum Guten. Es folgen weitere Verbote und Strafen und kein Tag vergeht, an dem nicht geschimpft wird. Max möchte am liebsten nicht mehr in die Schule gehen, um keine schlechten Noten mehr zu bekommen, obwohl er sich dort wohler fühlt als zuhause.

Lassen Sie es bei Ihrem Kind nicht so weit kommen - setzen Sie es nicht unter Druck, bestrafen Sie es nicht und schimpfen es nicht aus. Selbst wenn die Noten Ihres Kindes ernsthaft schlecht (4-6) sind, ist Zwang niemals ein guter

Weg. Erst recht dürfen Sie Ihr Kind nicht maßregeln, wenn seine Leistungen „ im grünen Bereich" sind. In jedem Fall führt Druck zu keiner Verbesserung. Im Gegenteil - er sorgt für Unwillen und ein schlechtes Gefühl, sodass es im schlimmsten Fall sogar zu Verweigerung kommen kann. Auf jeden Fall bewirkt er Angst vor dem Versagen und diese Angst sorgt wiederum dafür, dass Ihr Kind sich schlechter konzentrieren kann und seine Leistungen abfallen.

Das Einzige, was wirklich motivieren kann, sind gute Laune und der eigene Wille zum Lernen. Sprechen Sie vernünftig mit Ihrem Kind und legen Sie gemeinsam mit ihm (wirklich gemeinsam!) Regeln fest. Geben Sie Ihrem Kind niemals das Gefühl, nicht gut genug zu sein, und lassen Sie es sein junges Leben genießen. Das gilt sowohl für das schulische Lernen als auch für andere Aufgaben, wie zum Bei-spiel Hilfe im Haushalt. Die freie Entfaltung der Persönlichkeit in der Freizeit ist mindestens ebenso wichtig wie die Schule und andere Pflichten. Ausreichend Freizeit ist zudem wichtig, um sich zu erholen und Energie zu tanken. Der Mensch ist keine Maschine. Das sollten Sie übrigens auch für sich selbst beherzigen.

Durch Druck, Zwang, Strafen und Schimpfen nehmen Sie Ihrem Kind nicht nur die Motivation zum Lernen und senken seine Erfolgschancen, sondern geben ihm ein Gefühl von Wertlosigkeit und nehmen ihm das Vertrauen in Sie. Schließlich bestimmen Sie über Ihr Kind, ohne auf seine Bedürfnisse zu achten, und behandeln es wie einen Straftäter oder eine Sache ohne Rechte. Eltern, die Druck ausüben, kontrollieren und bestrafen, werden mehr gefürchtet als geliebt - das möchten Sie doch nicht, oder?

FALLBEISPIEL SVEA

Sveas Eltern besitzen einen kleinen Laden für Kinderspielzeug, in dem sie ohne Angestellte alle Arbeiten selbst ausführen. Sie stehen hinter der Kasse, beraten Kunden, kaufen Waren ein, befüllen die Regale, machen die Buchhaltung und alles, was eben so anfällt. Nach Feierabend kümmern sie sich auch selbst um die Reinigung des Geschäfts. Nachmittags war Svea während ihrer Kindergarten- und Grundschulzeit oft im Laden, denn allein zuhause bleiben konnte und wollte sie nicht so lange und ihre Großeltern und Freunde hatten auch nicht immer Zeit, damit Svea bei ihnen sein konnte. Im Hinterraum erledigte sie ihre Hausaufgaben, dann spielte sie oft mit den Spielsachen aus dem Geschäft („Aber nichts kaputtmachen!") und mit fremden Kindern, die mit ihren Eltern kamen, um Spielzeug auszusuchen.

Zuhause hat sie kaum eigenes Spielzeug, sie hat ja schon einen ganzen Laden voll. Irgendwie ist sie dieser Sachen überdrüssig. Sie macht gern Sport mit ihren Freunden und tanzt gern, auch allein. Zu ihrem achten Geburtstag hat sie eine Videokamera geschenkt bekommen, mit der sie sich seitdem auf-nimmt, wenn sie ihre selbst ausgedachten Choreographien zu bekannter Musik tanzt. Ihre Eltern wissen davon und schauen sich manchmal ihre Videos an, aber sind nicht wirklich bei der Sache. Dass sie nur mit halbem Auge auf den Bildschirm gucken und ihr „Gut sieht das aus" einfach nur so dahingesagt ist, entgeht Svea nicht. Sie hat einerseits Verständnis dafür, dass ihre Eltern viel zu tun haben, aber andererseits wünscht sie sich auch Verständnis und vor allem Aufmerksamkeit von ihren Eltern.

Von klein auf hat sie gelernt, sich selbst zu beschäftigen. Für diese Freiheit beneiden sie andere Kin-der, aber sie ist neidisch auf diese, weil sie mit ihren Eltern zusammen etwas unternehmen, spielen und reden können. Wenn Svea ein Problem hat, ist dieses für ihre Eltern meist mit einem „Mach dir nichts draus" vom Tisch. Ohnehin halten ihre Eltern nicht viel davon, über Gefühle zu sprechen. Das Leben ist eben hart, da muss man selbst auch hart sein, ist ihre Devise. Schon früh hat Svea gelernt, nur zu weinen, wenn sie allein oder mit ihrer besten Freundin zusammen ist. Von ihren Eltern bekam sie für ihre Tränen nur ein „Stell dich doch nicht so an", aber nicht den erwünschten Trost und die erhoffte Umarmung. Svea ist sich nicht mal sicher, ob ihre Eltern sie wirklich lieben. Das sagen sie zwar hin und wieder, aber gehört da nicht mehr dazu? Sie kommt sich vor wie ein nutzloses Anhängsel. Während Ihre Eltern Spielzeug an andere Kinder verkaufen, wird sie von ihnen kaum beachtet... Das ist kein gutes Gefühl.

Inzwischen ist sie 13 und geht schon seit zwei Jahren nicht mehr nachmittags in den Laden. Sie fühlt sich zu alt, um noch mit Kinderspielzeug zu spielen, und hat auch keine Lust mehr, auf die Aufmerksamkeit ihrer Eltern zu hoffen. Ihre Tanzchoreographien lädt sie bei TikTok hoch und bekommt dafür reichlich positives Feedback. Sogar ein berühmter Sänger, zu dessen Songs sie tanzt, hat sich bei ihr gemeldet und sie gefragt, ob sie in seinen Videos tanzen würde. Svea weiß nicht so recht, ob sie darauf eingehen soll - zumindest müsste sie ja ihre Eltern fragen. Ihre beste Freundin bestärkt sie darin, also wagt sie es. Vielleicht hören ihre Eltern ja wie üblich nicht hin und sagen einfach „Ja, ja".

Doch sie hören hin - und sind dagegen. Jetzt kommt es zum Eklat. Ihre Eltern verbieten ihr nicht nur, in dem Video des Sängers aufzutreten, sondern fordern sie auf, ihren TikTok-Account zu löschen. Für so etwas sei sie noch zu jung. Und was überhaupt die Schule mache, wollen sie auch auf einmal wissen. Svea, die so lange alles still hingenommen hat, platzt vor Wut. „Es war euch immer egal, was ich tue und wie es mir geht! Nie habt ihr euch für mein Leben interessiert! Immer war eure Arbeit wichtiger!

Nicht mal bei einem Elternabend seid ihr jemals gewesen! Und auf einmal tut ihr so, als ob es euch interessiert, was aus mir wird! Nur, weil ich euch nicht passe! Ihr habt mich doch niemals geliebt! Und jetzt wollt ihr mir meinen Traum kaputtmachen!" Wütend und traurig rennt sie in ihr Zimmer und schließt die Tür von innen ab. Draußen bleiben ihre Eltern zurück, mit großen Fragezeichen in den Augen. Sie haben nie bemerkt, was sie Svea antun. Jetzt fürchten sie, dass sie ihre Tochter verloren haben.

Ein Kind braucht die Zuwendung und Aufmerksamkeit seiner Eltern. Es möchte das Gefühl haben, der wichtigste Mensch in ihrem Leben zu sein. Geben Sie Ihrem Kind niemals das Gefühl, dass Sie sich nicht für sein Leben interessieren. Alles, was Ihrem Kind wichtig ist, muss auch Ihnen wichtig sein. Die bedeutendsten Faktoren, damit dies gelingt, sind Zeit, Achtsamkeit und Einfühlungsvermögen. Egal, wie viel Sie zu tun haben, Sie müssen sich immer ausreichend Zeit für Ihr Kind nehmen. Und zwar wirklich Zeit, in der Ihr Kind die Hauptrolle spielt. Wenn Sie meinen, das sei nicht möglich, müssen Sie sich einen Weg überlegen, um es möglich zu machen. Auch mit Ihren Gedanken müssen Sie voll und ganz bei Ihrem Kind sein, denn nur so können Sie bemerken, was in ihm vorgeht, es wirklich kennenlernen und ihm das Gefühl geben, dass es ernsthaft wertvoll für Sie ist. Hierzu gehört auch, Ihr Kind für seine Leistungen zu loben und das Lob ehrlich klingen zu lassen, selbst wenn Sie die Art der Tätigkeit nicht nachvollziehen können oder meinen, dass man diese besser machen könnte.

Kümmern Sie sich nicht genug um Ihr Kind, schwächen Sie zum einen sein Selbstwertgefühl und zum anderen den Zusammenhalt der Familie. Zudem haben Sie dann keine Basis, um Entscheidungen vernünftig mit ihm zu besprechen, da es unglaubwürdig wirkt und Ihrem Kind sogar boshaft erscheinen kann, wenn Sie sich auf einmal in sein Leben einmischen. Falls Sie sich bisher nicht genug um Ihr Kind gekümmert haben, gestehen Sie zu Beginn Ihrer Kursänderung offen, dass Sie einen (oder viele) Fehler gemacht haben, bitten Sie Ihr Kind um Verzeihung und geben Sie ihm Zeit, um zu Ihnen Vertrauen zu fassen.

Zeigen Sie insbesondere in dieser Phase, aber auch grundsätzlich vor allem positives Interesse an seinem Leben, ermutigen Sie es zu gemeinsamen Unternehmungen (die ihm gefallen), seien Sie liebevoll und bekräftigen Sie immer wieder, dass Ihr Kind mit Ihnen über alles reden kann. Besonders auch der offene Umgang mit Gefühlen ist sehr wichtig für eine positive Entwicklung Ihres Kindes und ein gutes Vertrauensverhältnis innerhalb der Familie. Ein Kind hat Gefühle, jeder Mensch hat welche, das ist vollkommen normal und sogar gut. Wir sind keine Eisblöcke und keine Roboter, sondern lebendige Wesen. Die Einstellung von Sveas Eltern ist absolut falsch - das Leben ist zwar oft hart, aber nicht mit Härte kommt man weiter, sondern indem man mit den eigenen Gefühlen umgehen kann. Und dies lernt man nur, indem man sie zeigen, identifizieren und über sie sprechen kann.

FALLBEISPIEL ANTONIO

Antonios Eltern haben im Leben alles erreicht, was sie sich erträumt haben - sie haben Jobs in Führungspositionen in ihren Traumberufen, ein großes Haus mit schönem Garten, ein schickes Auto, viele Freunde und mit Antonio und seiner Schwester Alessandra zwei Wunschkinder. Trotz ihrer Arbeit kümmern sie sich um die beiden und um Haus und Garten. Antonio und Alessandra haben schönes Spielzeug, gemütliche Zimmer und dürfen beide die Hobbys ihrer Wahl ausüben. Ihre Eltern sagen ihnen aber immer wieder, dass dieser ganze Luxus nicht selbstverständlich ist. Sie achten darauf, dass ihre Kinder bodenständig und bescheiden bleiben. Beide Elternteile kommen aus eher ärmeren Familien und haben es nur durch viel Arbeit so weit nach oben geschafft. Antonio und

Alessandra sind in-sofern auch offen für Kontakte mit Kindern aus armen Familien und sehen auf niemanden herab, nur, weil er weniger Geld hat als sie. In der Erziehung läuft hier also vieles richtig - aber nicht alles.

Die Eltern haben aus ihrer Sicht im Leben alles perfekt gemacht und betonen ihren Kindern gegenüber immer wieder, dass sie nur mit viel Disziplin, Intelligenz und Mut diesen Weg gehen konnten. Auch von Antonio und Alessandra erwarten sie, dass diese eine ähnlich erfolgreiche Zukunft haben. Den Sinn dafür und das Streben danach kann man nicht früh genug lernen, meinen sie.

Antonio ist ihrer Ansicht nach nicht immer diszipliniert genug und in seinen geistigen wie körperlichen Fähigkeiten könnte er auch weiter sein. Er braucht oft länger, um eine Anweisung umzusetzen, und verhält sich manchmal ungeschickt. Zum Beispiel kleckert er mit seinen fünf Jahren teilweise noch beim Essen, hält keine Ordnung in seinem Zimmer und versteht nicht, dass man einen Pinsel nach Gebrauch auswaschen muss, damit die Farbe nicht darin antrocknet. Er kann auch noch nicht richtig die Uhr lesen und nicht das komplette Alphabet schreiben, obwohl er schon in einem halben Jahr in die Schule kommt. Dass er all dies mit vielen anderen Kindern in seinem Alter (und auch älteren) gemein-sam hat, zählt für seine Eltern nicht. Aus eigener Erfahrung sind sie überzeugt, dass man immer besser sein muss als andere, um es im Leben zu etwas zu bringen.

Einen Vergleichsmaßstab haben sie nicht nur in sich selbst, sondern auch in Alessandra. „Deine Schwester konnte das schon viel früher als du", bekommt er ständig zu hören, wenn er in den Augen seiner Eltern eine unzureichende Leistung vollbringt. Auch seine siebenjährige Schwester steht aber oft in der Kritik. Sie wird aufgrund ihres höheren Alters mehr in die Haus- und Gartenarbeit einbezogen als Antonio, muss da aber noch vieles lernen. Aufmerksam hört und schaut sie ihren Eltern zu, wenn diese ihr erklären und vormachen, wie sie etwas tun muss. Antonio gibt sich inzwischen ebenfalls mehr Mühe, gelehrig zu sein und außerdem sein Zimmer aufzuräumen. Alessandra kümmert sich auch um ihren Bruder und versucht, ihm schon ein bisschen von dem beizubringen, was sie aus der Schule kann. Sie ist ihm eine anspruchsvolle Lehrerin, schließlich kennt sie es von ihren Eltern nicht anders.

An sich selbst hat Alessandra ebenfalls höchste Ansprüche. Ihre Hausaufgaben kontrolliert sie fünfmal und vor Klassenarbeiten lernt sie zwei Wochen fast unaufhörlich, obwohl sie ohnehin sehr gut in der Schule ist. Bei Arbeiten in Haus und Garten ist sie sehr vorsichtig und überprüft mehrfach, ob sie auch alles richtig gemacht hat. Wenn sie sich nicht sicher ist oder etwas tun soll, das sie vorher noch nicht gemacht hat, fragt sie erst ihre Eltern, wie das geht.

Manchmal erklären sie ihr geduldig, was zu tun ist, oft machen sie es dann aber auch einfach selbst und sagen Alessandra, sie solle gut zuschauen. Als Hobbys hat Alessandra Malerei und Ballett. Auch hier übt sie unermüdlich und ist selten mit sich zu-frieden. Durch ihr Bemühen, alles perfekt zu machen, braucht sie ziemlich lange für jede Tätigkeit oder Aufgabe. In manchen Klassenarbeiten ist ihr das schon zum Verhängnis geworden und auch ihre Freundschaften leiden darunter. Sie wirkt außerdem oft verbissen und hat in ihrem jungen Alter schon manchmal starke Verspannungen.

Antonio, der eigentlich keine so hohen Ansprüche an sich selbst hat, geht es mit der Zeit ähnlich. Der Unterschied ist, dass er langsamer lernt und seine Hände und Füße ihm nicht immer gehorchen wollen. So muss er trotz aller Mühe immer wieder Kritik seiner Eltern einstecken. Wenn er etwas nicht gleich richtig macht, nehmen sie es ihm aus der Hand bzw. sagen es ihm vor. Langsam, aber sicher verliert er die Lust an allem. Auch an der Schule, in die er nun seit eineinhalb Jahren geht. Sogar seine Hobbys, Keyboard spielen und Judo, machen ihm keinen Spaß mehr. „Warum soll ich mich anstrengen, wenn sowieso nie etwas gut genug ist?“, denkt er sich insgeheim.

Natürlich sagt er das nicht seinen Eltern und auch nicht seiner Überflieger-Schwester, die demnächst den Sprung aufs Gymnasium schaffen wird. Dass es dieser nicht viel besser geht als ihm, ahnt er nicht. Sie erreicht zwar mit weniger Auf-wand größere Erfolge als er, aber es kommt ihr nicht so vor. Auch sie hat das Gefühl, dass ihre Leistungen niemals ausreichen, sonst würde sie sich ja nicht so viel Mühe geben und immer noch (vermeintliche) Fehler finden.

Lob hören die beiden selten von ihren Eltern, nur, wenn sie etwas herausragend gut gemacht haben. Normalerweise wird immer kritisch geguckt, ob es nicht Ansätze für Verbesserungen geben könnte. Die Geschwister wissen daher nicht, was sie gut können, und haben sogar den Eindruck, dass sie nichts wirklich gut können. Alessandra, die seit einiger Zeit auch in ihrem Äußeren versucht, so per-fekt zu sein wie ihre Mutter, hat zufällig von einem Malwettbewerb gehört. Sie malt wirklich gerne und laut ihres Kunstlehrers in der Schule sowie ihrer privaten Mal- und Zeichenlehrerin auch sehr, sehr gut. Beide versuchen, sie zu überzeugen, an dem Wettbewerb teilzunehmen, aber Alessandra hat Angst, sich zu blamieren. Also lässt sie die Chance verstreichen und übt verbissen weiter. Antonio geht es mit seinem Keyboard nicht viel anders. Manchmal spielt er mit Absicht falsch, um wenigstens berechtigt kritisiert zu werden. Beide Kinder sind sich in Bezug auf ihr Können sehr unsicher.

Das zeigt sich auch in der Schule - die mündliche Beteiligung beider lässt zu wünschen übrig und an neue Aufgaben gehen sie sehr zögerlich heran. Während Alessandra zulasten ihrer Freizeit und ihrer Gesundheit immer weiter versucht, noch besser zu werden, wird Antonio zunehmend bockig. Er hat in seiner Klasse zwei Freunde gefunden, die ebenfalls nicht gut im Unterricht mitkommen, und trifft sich privat mit ihnen zum Lernen - angeblich. Während seine Eltern stolz auf seine Disziplin sind, lernt er durch die beiden Jungs die Welt der Computerspiele kennen. In dieser Welt ist er jemand anders - jemand mit Superkräften. Der wäre er auch in echt gerne, denn so einen Helden wünschen sich seine Eltern anscheinend.

Die hohen Ansprüche der Eltern haben bei den Kindern etwas sehr Schädliches erzeugt - Perfektionismus und mangelndes Vertrauen in die eigenen Fähigkeiten. Wird ein Kind kaum gelobt, aber oft kritisiert, gewinnt es von sich den Eindruck, nichts richtig gut zu machen. Es muss aber das Gefühl haben, etwas zu können, um Selbstbewusstsein zu entwickeln. Die beiden Geschwister konnten zu-dem keine eigenen Lernerfahrungen sammeln, da ihre Eltern ihnen immer alles vorgemacht und vorgesagt, teils auch aus der Hand genommen haben. Diese belehrende, bevormundende Art hat den Glauben an das eigene Können weiter geschwächt. Ein Kind muss eigene Erfahrungen sammeln und selbstständig die Möglichkeit haben, neue Aufgaben zu bewältigen sowie eigene Lösungen zu finden - die selbstständige Problemlösungsfähigkeit ist eine unbedingt wichtige Voraussetzung, um mit den Herausforderungen des Lebens klarzukommen. Eine Ausnahme besteht natürlich in puncto Sicherheit, doch auch dann dürfen Anweisungen nicht von oben herab klingen.

Respekt für die Person und das Können Ihres Kindes ist das A und O in der Erziehung zu einem selbstbewussten Menschen. Niemand hört sich gern an, was er nicht gut kann oder was jemand anders besser kann, das wissen Sie sicher selbst. Vergleichen Sie Ihr Kind weder mit Ihnen selbst noch mit seinen Geschwistern, anderen Kindern oder einer sonstigen Person. Jeder junge Mensch ist unter-schiedlich, manche können dies und andere jenes, einige sind früher und andere später in ihrer Entwicklung. Und wenn Ihr Kind nicht so erfolgreich wird, wie Sie es sind bzw. wie Sie es sich wünschen, müssen Sie das auch akzeptieren. Es gibt einen einzigen Weg zu Perfektion, und dieser ist, ganz man selbst zu sein. Perfektionismus bedeutet hingegen, immer nach mehr zu streben, als man erreicht hat, und niemals mit sich zufrieden zu sein - daher ist er der gerade Weg in die Unzufriedenheit.

FALLBEISPIEL JONAS

Bevor Jonas geboren wurde, hatten seine Eltern jahrelang versucht, schwanger zu werden, und Jonas Mutter hatte sogar eine Fehlgeburt. Sie hatten die Hoffnung eigentlich schon aufgegeben, als es doch endlich klappte. Umso mehr haben sie sich gefreut, als Jonas endlich da war. Das Wunschkind, auf das sie so lange gewartet hatten. Beide waren von Anfang an sehr besorgt um sein Wohlergehen, Jonas Mutter sogar noch mehr als sein Vater. Sie lasen ihm jeden Wunsch von den Augen ab und waren ständig um ihn herum, um aufzupassen, dass ihm nichts passiert. Jonas war ziemlich weinerlich und so wurde er oft getröstet. Fühlte er sich ein bisschen unwohl oder hatte einen kleinen Kratzer, ging seine Mutter meist gleich mit ihm zum Arzt. Zu anderen Kindern zum Spielen durfte er nicht, es sei denn, einer seiner Elternteile war die ganze Zeit dabei. In die Eltern der anderen Kinder hatten sie nicht genug Vertrauen.

Auch auf den Spielplatz gingen sie immer mit ihm zusammen und waren dort in seiner direkten Nähe. Meist aber spielten sie nicht mit, sondern standen nur daneben und schauten ihm wachsam zu. Das änderte sich auch nicht, als Jonas ins Kindergartenalter kam und die anderen Kinder schon allein in Grüppchen spielten, während sich die Eltern im Hintergrund hielten. Jonas gehörte nicht zu den Grüppchen, denn die anderen Kinder fanden es komisch, dass immer ein Erwachsener dabeisteht. Sie spielten zwar zum Teil mit ihren Eltern, wollten aber auch unter sich ihre eigenen Spiele spielen. Im Beisein von Jonas Mutter oder Vater war das nicht möglich, denn diese mischten sich immer ein und wollten ihnen etwas verbieten, weil es angeblich zu gefährlich war. Zum Beispiel könnte man beim Fangen stolpern oder in der Sandkiste könnte Katzenkot sein. So spielte Jonas allein oder mit dem einzigen Freund, den er hatte, weiterhin unter strenger Aufsicht und Anweisungen.

Auch zuhause passten seine Eltern auf, dass es keine Risiken für Jonas gab. So musste bzw. durfte er auch nicht im Haus oder Garten helfen. Wenn er etwas machen wollte, zum Beispiel ein Bild malen, etwas trinken oder spielen, musste er vorher fragen. In den Kindergarten ging er nicht, da seine Eltern der Meinung waren, ein so junges Kind sollte nicht von seinen Eltern getrennt sein, und außerdem könnte da ja so viel passieren. Jonas Mutter hatte nach seiner Geburt nicht wieder angefangen, zu arbeiten, damit sie immer für ihr Kind da sein konnte.

Dann kam die Schule. Dort musste er hin, und zwar ohne seine Eltern. Zur Einschulung kamen sie aber natürlich mit und wichen Jonas nicht von der Seite. Aus den Augenwinkeln inspizierten sie das Schulgebäude auf mögliche Gefahren. Jonas entging das nicht und so fühlte er sich an dem ohnehin großen, fremden Ort mit den vielen fremden Menschen noch unwohler. Seine Eltern nahmen die Klassenlehrerin zur Seite, fragten ihr ein Loch in den Bauch und gaben ihr Anweisungen, wie sie mit Jonas umzugehen hätte. Einige der anderen Kinder bemerkten das und kicherten leise. Im Unterricht, in der ungewohnten Situation ohne seine Eltern, fühlte Jonas sich sehr unsicher und begann, zu weinen. Während zwei Mädchen und die Lehrerin ihn trösteten, begannen ein paar „ ganze Kerle“ unter den Jungs ihn zu verspotten. Jonas wollte nachhause und nie mehr zurück in die Schule.

Als seine Mutter ihn abholte, erzählte er ihr alles. Sie beschwerte sich daraufhin bei der Lehrerin. Am liebsten hätte sie Jonas nie wieder in die Schule geschickt, doch sie wusste, dass daran kein Weg vor-beigeht. Also redete sie auf ihn ein und überzeugte ihn schließlich, indem sie ihm für jeden Tag ein schönes Geschenk versprach, wenn er artig zur Schule geht und durchhält. Davon fühlte er sich in der Schule nicht besser, aber er ging hin und stand es irgendwie durch.

Eigentlich findet er den Unterricht auch ganz interessant. Nur die meisten anderen Kinder sind ein Problem, da sie ihn immer auslachen und hänseln. So traut er sich im Unterricht meist auch nicht, et-was zu sagen - nicht mal bei den Hausaufgaben, die er zuverlässig und gut macht. Auch in Tests und Arbeiten ist er ziemlich gut, aber mangels mündlicher Beteiligung spiegelt sich das kaum in seinen Zeugnissen wider.

Jeden Morgen bringt seine Mutter ihn zur Schule und holt ihn mittags wieder ab, auch jetzt in der dritten Klasse noch. Einige andere Kinder fahren schon längst mit dem Fahrrad oder mit dem Bus. Auf dem Weg nachhause schaut er immer sehnsüchtig aus dem Autofenster, wenn sie an der Skaterbahn vorbeifahren. So mit dem Roller, dem Skateboard oder dem BMX-Rad herumzuspringen, muss toll sein. Aber er hätte zu große Angst, sich zu verletzen. „Die sind doch lebensmüde. Gut, dass du so et-was nicht machst", sagte seine Mutter einmal. „Ja", antwortete Jonas tonlos.

In der Pause steht er meistens abseits, es sei denn, die anderen kommen, um ihn zu verspotten. Davon erzählt Jonas seinen Eltern aber nichts mehr, denn zum einen will er nicht auf sein tägliches Geschenk verzichten und zum anderen möchte er vermeiden, dass seine Mutter wieder mit der Lehrerin spricht. Das war ihm ziemlich peinlich. Als er einmal mit blauen Flecken nachhause kommt, kann er es aber nicht mehr verbergen. Seine Eltern gehen natürlich sofort zur Schulleitung und beschweren sich über die Umstände an dieser Schule. Wenn das nochmal passieren würde, würden sie die Polizei und die Schulaufsichtsbehörde einschalten und Jonas von der Schule nehmen.

Jonas steht daneben und würde am liebsten im Erdboden versinken. Er wäre gern so wie die anderen Kinder. Nicht, dass er gern jemanden verprügeln oder auslachen würde. Aber er wäre gern frei, würde gern Freunde finden und das machen, was ihm Spaß bringt. Und zwar ohne seine Eltern. Andererseits fühlt er sich immer noch unsicher ohne sie, traut sich nichts zu und achtet selbst übertrieben auf seine Gesundheit. Außerdem findet er es gut, dass seine Eltern ihm jeden Wunsch von den Augen ablesen. Nur den einen, sehnlichsten Wunsch nicht. Er würde gern unbeschwert leben, aber er weiß nicht, wie das geht. Denn zum einen hat er es nie gelernt und zum anderen lassen seine Eltern es nicht zu.

Natürlich sollen Sie auf Ihr Kind achten, es keinen unnötigen Risiken aussetzen und Ihre Aufsichts-pflicht einhalten. Doch Jonas Eltern haben es übertrieben. Sie haben den Jungen komplett in Watte gepackt. So haben sie ihn von möglichen sozialen Kontakten isoliert und ihm nicht ermöglicht, selbst-ständig zu werden. Dadurch haben sie seine soziale und psychische Entwicklung erheblich beeinträchtigt. Ein Kind braucht Freiraum und muss die Möglichkeit haben, sich selbst auszuprobieren. Je älter es wird, desto weniger Aufsicht benötigt es dabei. Kontakte mit anderen Kindern sind wichtig, um Freunde zu finden und soziales Miteinander unter Gleichaltrigen zu lernen, damit Ihr Kind sich in der Schule zurechtfinden kann. Außerdem entwickeln sich schon in diesen jungen Jahren die sozialen Fähigkeiten und der Mut für das spätere Leben.

Wenn Sie Ihr Kind immer von allem abschirmen, es keine Alltagserfahrungen, wie zum Beispiel kleine Hilfsarbeiten im Haushalt, machen lassen und ihm einreden, die Welt „da draußen " sei ein gefährlicher Ort, wird Ihr Kind ängstlich und voller Selbstzweifel. Es traut sich dann ganz normale Dinge nicht zu und kann ohne Sie nirgendwo hingehen. Das muss es aber lernen, denn Sie können es ja nicht sein ganzes Leben lang überall hin begleiten. Zudem ist Ihr Kind dann nicht in der Lage, eigenständige Entscheidungen zu treffen und selbstständig Probleme zu lösen, was aber für die Schule, den Beruf und das „normale Leben" unbedingt nötig ist. Leider ist es außerdem so, dass Ihr Kind durch seine Ängste und mangelnde Selbstständigkeit sehr angreifbar für Mobbing wird (was natürlich eigentlich der Fehler der Mobber ist). Wird es dann gemobbt, weiß es wiederum nicht, wie es mit der Situation bzw. den Mobbern umgehen soll, und verliert sehr schnell den kleinen Rest seines Selbstbewusstseins.

Einen weiteren Fehler begehen Jonas Eltern, indem sie ihm alle (materiellen) Wünsche erfüllen und ihm täglich etwas schenken. Denn so glaubt er, dass all die schönen Sachen vom Himmel fallen, und würde nicht damit umgehen können, wenn seine Familie oder später er selbst mal wenig Geld hat. Natürlich sollen Sie Ihrem Kind Geschenke zu Feiertagen machen, ihm auch mal außer der Reihe etwas Schönes mitbringen oder etwas mit ihm unternehmen und ihm seine Hobbys ermöglichen.

Aber Luxus darf nicht zur Tagesordnung werden. Dann verliert Ihr Kind die Bodenhaftung und wird denkbar schlecht auf mögliche Krisen vorbereitet. Zudem geht die Freude in eine Erwartungshaltung über, und zwar in eine, die sich immer weiter steigert. Irgendwann können Sie sich das nicht mehr leisten und es wäre auch schade, wenn Sie Ihr Kind zu einem Menschen erziehen würden, der sich nicht an Kleinigkeiten erfreuen kann. Halten Sie Belohnungen und Geschenke daher im angemessenen Rahmen und erklären Sie Ihrem Kind auch, dass es viele Kinder auf der Welt gibt, die sehr arm sind und nicht mal genug zu essen haben.

DIE SCHLIMMSTEN ERZIEHUNGSFEHLER AUF EINEN BLICK

- Sie zeigen Unverständnis für den persönlichen Charakter, die Wünsche, Sorgen oder Gefühle Ihres Kindes.
- Sie versuchen, Ihr Kind nach Stereotypen, allgemeinen Normvorstellungen oder persönlichen Vorurteilen zu formen.
- Sie versuchen, durch Ihr Kind Ihre eigenen Wünsche und Träume zu verwirklichen bzw. es so zu formen, wie Sie gern gewesen wären.
- Sie geben Ihrem Kind zu wenig Freiraum, setzen es unter Druck oder kontrollieren es unangemessen.
- Sie bestimmen über den Kopf Ihres Kindes hinweg, bevormunden es in seinen eigenen Tätigkeiten oder regeln seine Schwierigkeiten für Ihr Kind anstatt mit ihm zusammen.
- Sie bestrafen Ihr Kind, schimpfen es aus, machen ihm Vorwürfe oder drohen ihm den Entzug von Lieblingssachen oder -beschäftigungen an.
- Sie geben Ihrem Kind ständig Anweisungen, belehren es von oben herab oder kritisieren es unangemessen.
- Sie loben Ihr Kind zu wenig oder sagen das Lob nur so dahin, ohne sich wirklich mit der Leistung zu beschäftigen.
- Sie loben oder belohnen Ihr Kind zu viel oder auf übertriebene Art, auch wenn

es gar keine Leistung erbracht hat, sodass echtes Lob bzw. echte Leistungen nicht mehr viel wert sind und Ihr Kind nicht lernt, mit Kritik umzugehen.

- Sie zeigen kaum oder kein Interesse an persönlichen Angelegenheiten Ihres Kindes.

- Sie verwöhnen Ihr Kind zu sehr, sodass es nicht lernt, sich einzuschränken und mit Regeln um-zugehen.

- Sie stellen zu hohe Ansprüche an Ihr Kind oder erwarten von ihm etwas, das nicht seinen Interessen und Fähigkeiten entspricht.

- Sie unterfordern Ihr Kind, indem Sie es nicht an neue Aufgaben herangehen lassen oder ihm Aufgaben unter seinem Entwicklungsstand geben.

- Sie behandeln Ihr Kind wie ein rohes Ei, sodass es ängstlich und zurückhaltend wird.

- Sie sprechen in Ihrer Familie nicht über Gefühle und erwarten von Ihrem Kind, dass es „hart" ist.

- Sie geben ein schlechtes Vorbild ab, zum Beispiel, indem Sie Überforderung zeigen, versuchen, perfekt zu sein, Ihre Meinung nicht sagen, unter Kritik leiden, mangelnden Einsatz zeigen, Ihre eigenen Ziele nicht verfolgen etc.

Wertschätzung & Lob – aber ehrlich

Um das Selbstbewusstsein Ihres Kindes aufzubauen, ist es immens wichtig, dass Sie Ihr Kind für seine Leistungen loben und ihm Wertschätzung in allen Bereichen seines Lebens zeigen. Wenn es etwas gut macht, weiß es nämlich nicht von selbst, dass es das tut, sondern erst durch Ihre Bestätigung bekommt es dieses Gefühl. Wird ein Kind nie oder nur selten gelobt, entwickelt es keinerlei Zutrauen in die ei-genen Talente. Es genügt also nicht, die Talente einfach nur zu erkennen, sondern Sie müssen Ihrem Kind auch vermitteln, dass es diese hat.

ZUM LOBEN GIBT ES VIELE GELEGENHEITEN

Nicht nur um Talente geht es aber, sondern vielmehr um wirklich jeden Bereich des Lebens einschließlich der „angewachsenen" Eigenschaften Ihres Kindes – seine Persönlichkeit selbst, sein Dasein als solches, ist auch ein Lob wert. Sagen und zeigen Sie Ihrem Kind immer wieder, wie sehr Sie es lieben. Nicht nur (aber auch!) durch Worte, sondern auch durch Blicke, Umarmungen und hin und wieder kleine (!) Geschenke. Heben Sie zudem die positiven Eigenschaften Ihres Kindes hervor und geben Sie ihm Gelegenheit, diese auszuleben, und bewundern Sie es dann dafür. Stellen Sie aber auch klar, dass Sie es auch einfach so lieben, egal, wie es ist und was es tut. Es ist schließlich Ihr Kind. Sagen Sie ihm, dass es der wundervollste Mensch auf der Welt für Sie ist.

Wenn Sie mehrere Kinder haben, haben Sie natürlich mehrere wundervollste Menschen. Passen Sie in dem Fall auf, dass Sie beiden absolut gleichermaßen Ihre Liebe, Wertschätzung und Anerkennung zeigen und beide gleichermaßen loben, auch wenn nicht beide gleich viele oder gleich gute Leistungen erbringen. Es darf keinerlei Konkurrenzdenken zwischen den Geschwistern entstehen. Keiner darf sich besser oder schlechter oder mehr oder weniger geliebt fühlen. Das/die jeweils ältere/n Kind/er müssen außerdem lernen, das/die jüngere/n Kind/er ebenfalls zu lieben, zu loben und zu akzeptieren. Sprechen Sie mit ihnen offen darüber und erziehen Sie jedes Ihrer Kinder zu einem respektvollen Menschen. Das kommt nicht nur dem Familienleben, sondern auch den äußeren sozialen Kontakten Ihrer Kinder zugute.

Durch das Loben für Leistungen und Fortschritte fördern Sie nicht nur das Selbstbewusstsein, sondern auch die Entwicklung zu einem selbstständigen Menschen. Je mehr Ihr Kind kann (und dies weiß), desto mehr traut es sich zu und desto mehr gewinnt es die Fähigkeit, auf eigenen Beinen zu stehen. Der Alltag und die normale Entwicklung des Kindes bieten etliche Möglichkeiten, um Ihr Kind zu loben. Im Laufe seiner Entwicklung und in alltäglichen Situationen werden Sie immer wieder kleine und große Erfolge und Fortschritte bemerken. Jedenfalls, wenn Sie Ihr Kind achtsam beobachten und an seinem Leben teilhaben.

Achten Sie auf alles, was es zum ersten Mal macht. Das erste Mal etwas allein oder mit nur ganz wenig Hilfe zu schaffen, ist immer ein Grund zum Loben. Wenn etwas nicht, nicht sofort oder auf unzureichende Art gelingt, kritisieren Sie Ihr Kind jedoch nicht, sondern übersehen dies und loben Sie es für den Versuch. So motivieren Sie es, dies weiter zu versuchen, und vermeiden, dass es entmutigt wird. Sonst merkt es sich das und hat in Zukunft wahrscheinlich nicht nur Scheu, diese Sache nochmal zu versuchen, sondern auch, sich an andere neue Dinge heranzuwagen. Wenn es trotzdem durch seinen Misserfolg entmutigt sein sollte, machen Sie ihm immer wieder Mut, bis es endlich klappt. Denken Sie in jeder Situation der Entwicklung Ihres Kindes und Ihres Zusammenlebens daran. Zum Beispiel, wenn Ihr Kind krabbeln, sprechen oder laufen lernt, wenn es zum ersten Mal selbstständig isst, wenn es das erste Bauwerk aus Bauklötzen erbaut, sich das erste Mal die Schuhe zubindet, mit Besteck isst, aus einem Becher trinkt, zur Toilette geht, sich die Zähne putzt...

Alles, was ein Kind im Leben so lernen muss und was die Grundbedingungen eines jungen Lebens sind, bietet Anlass zum Loben. Wenn es etwas immer besser macht, loben Sie es natürlich auch jedes Mal. Ist eine Handlung dann selbstverständlich geworden, müssen Sie aber mit dem Loben dafür wie-der aufhören, denn sonst kommt sich Ihr Kind „veräppelt“ vor. Auf jede erste, neue oder bessere Leistung wird Ihr Kind stolz sein, wenn Sie es dafür loben.

Lassen Sie Ihr Kind auch ausgelassen altersgerecht spielen, kreativ sein, sich sportlich ausprobieren, mit Tieren und Pflanzen umgehen. Stellen Sie außerdem Kontakte außerhalb der Familie her. Sorgen Sie dafür, dass Ihr Kind mit anderen Kindern spielen und sich im Spiel mit Situationen auseinanderzusetzen lernt. Auch das gehört zur Entwicklung dazu. Loben Sie es auch in diesen Bereichen immer wieder für seine Fortschritte im Umgang mit allen und allem. Unterstützen Sie seinen Weg im Leben, indem Sie es durch Ihre Anerkennung aufbauen.

Binden Sie Ihr Kind zudem in den Familienalltag ein, denn auch hier gibt es diverse Möglichkeiten, sich weiterzuentwickeln, zu lernen und kleine Erfolge zu sammeln. Lassen Sie sich von ihm mit alters-gerechten kleinen Arbeiten und Aufgaben im Haushalt, im Garten und beim Einkaufen helfen. Sehen Sie die Hilfe Ihres Kindes, seine erfolgreichen und weniger erfolgreichen Versuche, als Grund für ein Lob, einfach, weil es Ihnen mutig und verantwortungsbewusst zur Seite steht, auch wenn es nur Kleinigkeiten sind. Seien Sie dabei nicht so übergenau. Sicher wird es noch viele Fehler machen und der Umfang seiner Hilfe hält sich in Grenzen.

Aber alles fängt eben klein an und wird nur größer, indem Sie es wertschätzen. So wird aus kleinen Dingen ein großes Fundament. Loben Sie Ihr Kind also auch zum Beispiel, wenn es schon mal die einzukaufende Ware in den Einkaufswagen legt, die Blumen gießt, den Hund füttert oder das Geschirr abräumt. Auch, wenn es dabei etwas fallenlässt oder verkleckert. Da es Sie immer beobachtet, wenn Sie die Handlungen ausführen, wird es immer bestrebt sein, es so gut zu machen wie Sie. Sie müssen also nicht befürchten, dass es sich dafür gelobt fühlt, dass es Fehler macht, und diese dann mit Absicht wiederholt oder denkt, dass es genauso (mit Fehlern) alles richtig gemacht hat.

Wenn Ihr Kind in die Schule kommt, bieten sich jeden Tag neue Möglichkeiten des Lobs. Fragen Sie Ihr Kind immer interessiert, freundlich und verständnisvoll, was es an seinem Schultag erlebt hat und wie der Unterricht war. Wenn etwas nicht gut gelaufen ist, heben Sie etwas anderes hervor, das gut war, oder erkennen Sie in dem nicht Guten doch etwas Gutes, um Ihr Kind aufzubauen. Sicher wird es viele Misserfolge haben, doch es darf sich niemals wie ein „Versager“ fühlen. Seine Mitschüler und Lehrer geben ihm möglicherweise dieses Gefühl, also ist es Ihre (vielleicht alleinige) Aufgabe, zu verhindern, dass es sich diese Sicht auf sich selbst anpasst.

RICHTIG LOBEN & KRITISIEREN

Bei alldem müssen Sie aber trotzdem beachten, dass Sie Ihr Kind auch nicht zu viel und nicht über-trieben loben dürfen, aber auch nicht zu wenig und nicht durch leere Floskeln, die hörbar nur dahingesagt sind. Zu viel oder übertriebenes Lob würde dazu führen, dass Ihr Kind sich als etwas ganz Besonderes sieht - was es zwar ist, jedoch nicht mehr als jeder andere Mensch. Übermäßig gelobte Kinder fangen leicht an, zu denken, dass sie besser und wertvoller sind als andere.

Das kann zum einen dazu führen, dass sie eingebildet werden und auf andere herabsehen oder dass sie sich nicht mehr anstrengen, weil sie meinen, ohnehin alles aus dem Ärmel zu schütteln. So oder so sind die Folgen für das soziale und schulische Leben fatal. Bei zu wenig oder einfach dahingesagtem Lob gilt das Gleiche, nur, dass die Kinder sich nicht besser, sondern schlechter fühlen als andere und sich nicht anstrengen, weil sie denken, sie könnten es ohnehin nicht schaffen. Möglich ist in beiden Fällen sogar, dass sich eine narzisstische Persönlichkeitsstörung entwickelt - hierbei stellen die Betroffenen stets nur sich selbst in den Mittelpunkt und suchen extrem nach Anerkennung, sodass schwerwiegende Folgen für das Privat- und Berufsleben entstehen. Ihr Kind muss also bei allem Lob zum einen auch Kritikfähigkeit lernen und zum anderen müssen Sie lernen, wie man ein Kind richtig lobt.

Die goldene Regel für das Loben lautet: Die Intensität des Lobes muss angemessen sein. Der freudige Ausruf, „Oh, wie toll, eine Fünf!", wäre nur angemessen, wenn Ihr Kind vorher ausschließlich Sechsen geschrieben hätte. Dies ist ein extremes Beispiel, vom Prinzip her trifft es aber auf alle Situationen zu. Ein großes Lob, das mit sehr starker Begeisterung vorgebracht wird, ist immer dann angemessen, wenn Ihr Kind etwas Neues gemacht hat und sich dabei ziemlich gut angestellt hat. Perfekt muss das Ergebnis nicht sein, aber es sollte zu 50 % oder mehr gut sein. Ebenfalls ist so ein Lob bei einer merklichen Verbesserung angebracht. Ein mittleres Lob entspricht einer mittleren Leistung, also etwas Neuem, das zu weniger als 50 % gut war, oder einer sehr kleinen Verbesserung. Ein kleines Lob ist beim erfolglosen Versuch von etwas Neuem oder einem erfolglosen Verbesserungsversuch angemessen. Wenn Ihr Kind nichts tut (zum Beispiel nicht für die Schule lernt), können Sie es logischerweise auch nicht loben. Stellen Sie dann aber klar, dass Sie es trotzdem lieben, ermutigen Sie es jedoch, sich in Zukunft mehr anzustrengen.

Führt Ihr Kind eine notwendige oder versprochene Handlung nicht aus oder macht es grobe Fehler, ist es wichtig, ihm den Umgang mit Kritik beizubringen. Es wird im Laufe seines Lebens immer wieder kritisiert werden und negatives Feedback bekommen, sodass es auch in solchen Situationen sein Selbstbewusstsein bewahren muss. Andere Menschen kritisieren es vielleicht auch zu Unrecht oder bewerten seine Leistung unfair - schauen Sie mit Ihrem Kind gemeinsam, wo berechtigte Kritikpunkte sind und wo ungerechtfertigte Kritik erfolgt ist (zum Beispiel bei Klassenarbeiten, aber auch bei Meinungsäußerungen und Ansprüchen von anderen Menschen). Wenn Sie selbst Ihr Kind kritisieren, muss die Kritik immer angebracht sein und Sie müssen sie sachlich und konstruktiv vorbringen. Konstruktiv bedeutet, dass Sie mit Ihrem Kind gemeinsam einen Weg finden, wie es in Zukunft erfolgreicher sein bzw. die Fehler vermeiden kann.

Achten Sie darauf, Ihre Kritik immer nur auf die Sache zu beziehen und nicht auf die Persönlichkeit des Kindes. Sagen Sie (freundlich!), warum bzw. in welcher Hinsicht seine Leistung oder sein Verhalten nicht gut war. Gebrauchen Sie niemals Formulierungen wie beispielsweise, „Du bist schlecht in Mathe", „ Du hast schon wieder...", „Du machst immer dieselben Fehler", „Du bist zu faul", „Warum bekommst du das nicht hin?!", „Was geht bloß in dir vor?!", „Du bist wohl einfach zu dumm dafür", und dergleichen mehr. Durch solche Worte reißen Sie die mühsam aufgebauten Säulen des Selbstbewusstseins gleich wieder ein.

Schauen Sie sich gemeinsam mit Ihrem Kind seine Leistung bzw. sein Werk an oder reden Sie mit ihm über die Situation. Lassen Sie auch Ihr Kind zu Wort kommen - vielleicht sehen Sie etwas nicht richtig. Es ist nicht ausgeschlossen, dass Ihr Kind etwas besser weiß als Sie oder dass Sie eine Situation nicht durchblicken. Dramatisieren Sie vor allem auch nichts. Ein Misserfolg, eine schlechte Note, ein nicht eingehaltenes Versprechen, ein kaputter Gegenstand etc. ist alles nicht so schlimm, wie man es im ersten Moment manchmal empfindet. Bevor Sie mit Ihrem Kind reden, atmen Sie also einmal tief durch und werden Sie sich bewusst, wie bedeutend (oder unbedeutend) die Sache ist. Selbst wenn es sich um etwas Wichtiges handelt, bewahren Sie einen kühlen Kopf und lassen Sie sich nicht zu hitzigen Bemerkungen hinreißen. Nichts ist so wichtig wie Ihr Kind und Ihr gutes Verhältnis zu ihm.

Insbesondere bringt Ihre Kritik auch nichts, wenn sie falsch vorgetragen wird. Ihr Kind lehnt sich dann entweder dagegen auf oder wird entmutigt. Formulieren Sie sie so, dass Sie Ihr Kind nicht demotivieren, sondern ermutigen. Das können Sie zum einen dadurch erreichen, dass Sie innerhalb der unzureichenden Leistung einzelne Aspekte erkennen und hervorheben, die Ihr Kind gut gemacht hat, oder indem Sie es an seine vergangenen Erfolge erinnern. Zum anderen seien Sie verständnisvoll, insbesondere, wenn Ihr Kind es zwar versucht hat, aber trotz aller Mühe und guten Willens nicht zum Erfolg gekommen ist. Es grämt sich wahrscheinlich selbst deswegen und braucht jetzt jemanden, der ihn auf-baut und ihm einen freundlichen Rat gibt. Seien Sie dieser jemand.

Die richtigen Worte zu wählen ist auch beim Loben extrem wichtig. Floskeln wie „Super“, „Toll“, „Wow“, „Sehr schön“ etc. sind zu abgedroschen und zu kurz. Ihr Kind merkt, dass Sie sich nicht wirklich auf seine Leistung beziehen, sondern es einfach so schnell dahinsagen, um dann wieder zur Tages-ordnung überzugehen. Ein gutes Lob beschäftigt sich inhaltlich mit dem Werk oder dem Fortschritt des Kindes. Nehmen Sie sich Zeit. Betrachten Sie alles ganz genau bzw. hören Sie es sich genau an, nehmen Sie ggf. einen selbst hergestellten Gegenstand auch in die Hand und sehen Sie ihn von allen Seiten an.

Wenn Ihr Kind etwas ohne Sie erlebt hat, lassen Sie sich alles ganz genau erzählen. Zeigen Sie durch Ihren Gesichtsausdruck, dass Sie voll bei der Sache sind, und lassen Sie vom ersten Moment an Bewunderung aus Ihren Augen sprechen. Seien Sie achtsam für jedes Detail. Bewerten Sie nicht einfach aus Ihrer oder aus der „normalen“ Sicht, sondern seien Sie offen für alles Schöne, Hilfreiche, Einzigartige und gemessen am Entwicklungszustand Ihres Kindes Fortschrittliche. Beginnen Sie nicht direkt, mit Worten zu loben, sondern lassen Sie erst einen Moment alles auf sich wirken. Währenddessen ist ein „Wow“ oder „ Das ist ja schön!“ erlaubt und förderlich, damit Ihr Kind nicht zu lange auf Ihr Feedback gespannt sein muss (es sei denn, Sie unterbrechen es dadurch zum Beispiel beim Singen, Musizieren oder Erzählen einer Geschichte). Wenn Sie alles erfasst haben, be-schreiben Sie die Details, die Ihnen positiv aufgefallen sind. Seien Sie dabei ruhig großzügig, aber Sie loben natürlich keine Fehler, sondern heben stattdessen die guten Aspekte hervor. (Hinweis: Bei Kunst gibt es keine Fehler, sondern nur unterschiedliche Ansichten - Ihre Ansicht zählt aber nicht, vielmehr ist alles gut und richtig.)

Loben Sie Ihr Kind aber nicht nur einmal, sondern erinnern Sie es nach ein paar Stunden oder Tagen (auch mehrfach) daran, welchen Erfolg oder Fortschritt es hatte. Zum Beispiel: „Ich freue mich immer noch über...“, „Ich bin immer noch stolz auf dich, dass du...“. Erzählen Sie auch anderen von den Leistungen Ihres Kindes, denn dann weiß es, dass Sie wirklich zu ihm stehen und gut finden, was es macht. Seien Sie aber vorsichtig, mit wem Sie sprechen - es sollten nur Personen sein, von denen Sie wissen, dass sie den Erfolg Ihres Kindes ebenfalls anerkennen bzw. zumindest nichts Gegenteiliges sagen. Auch solche Situationen müssen Sie zwar üben, aber das sollte etwas später erfolgen.

In diesen Fällen besteht die Aufgabe darin, Ihrem Kind zu zeigen, dass man gegen die Kritik anderer stark bleiben kann und muss. Stellen Sie sich auf die Seite Ihres Kindes und betonen Sie, dass sein Werk oder sein Verhalten gut ist, egal, was diese Personen sagen. Erklären Sie dies direkt im Beisein Ihres Kindes vor der betreffenden Person und sprechen Sie im Nachhinein nochmal mit Ihrem Kind darüber. Machen Sie ihm klar, dass es sich nicht darum kümmern soll, was andere sagen, solange es sich selbst treu ist. Lassen Sie Ihr Kind auch miterleben, wie Sie kritisiert werden und dabei stark bleiben. Sie sind sein Vor-bild - wenn Sie selbstbewusst das tun, was Ihnen gefällt, dann schaut Ihr Kind sich dies ab.

„DU MUSST NICHT PERFEKT SEIN!“ - PERFEKTIONISMUS ERKENNEN & VERHINDERN

Daran, etwas richtig gut machen zu wollen, ist doch eigentlich nichts Schlimmes

- warum sollten Sie also verhindern, dass Ihr Kind perfektionistisch wird? Etwas gut machen zu wollen und perfektionistisch zu sein ist bei Weitem nicht Dasselbe. Natürlich möchte jeder gute Leistungen erbringen und auch in unserer Gesellschaft ist dies eine Voraussetzung, um Erfolg zu haben. Perfektionistisch zu sein bedeutet jedoch, niemals mit seiner Leistung und sich selbst wirklich zufrieden zu sein.

Perfektionistische Menschen feilen ewig an Kleinigkeiten und suchen (meist nicht einmal vorhandene) Fehler, um das Gute noch besser zu machen. Sind sie dann endlich fertig, fühlen sie sich unsicher, ob sie nicht doch etwas übersehen oder falsch gemacht haben. So verschwenden perfektionistische Menschen sehr viel Zeit und Energie, fühlen sich oft unwohl, machen sich zu viel Stress und können oft nicht einmal die Tätigkeiten richtig genießen, die ihnen eigentlich Spaß bringen. Sie haben immer im Hinterkopf, bloß alles richtig zu machen und was andere wohl von ihnen denken.

Der Grund liegt darin, dass sie zu wenig auf ihre eigenen Stärken vertrauen und zu viel auf das Urteil anderer geben. Die-se Einstellung verinnerlichen sie teils so stark, dass sie sogar versuchen, alles perfekt zu machen bzw. perfekt zu sein, wenn niemand sie oder ihre Leistung sieht. Denn der Wunsch nach Perfektion wird zur Gewohnheit, die sich einfach von selbst einschaltet.

Ein Mensch kommt aber nicht perfektionistisch zur Welt. Vielmehr hat ein Neugeborenes noch keine Selbstzweifel und findet alles, was es tut, richtig. Perfektionismus bzw. seine Grundlagen - Minderwertigkeitsgefühle, Angst vor negativer Kritik und mangelndes Selbstvertrauen - entwickeln sich erst mit den Jahren. Neben Erziehungsfehlern der Eltern (zum Beispiel zu wenig Lob, zu viel Kritik, eigener Perfektionismus, zu hohe Ansprüche etc.) sind es auch andere Menschen im Umfeld des Kindes und negative Erfahrungen, wie zum Beispiel bei Fehlern ausgelacht zu werden oder für das Aussehen gehänselt zu werden, die Perfektionismus entstehen lassen.

Ob Ihr Kind perfektionistisch ist, können Sie an bestimmten Handlungsweisen erkennen, wobei die Wahrscheinlichkeit dafür umso höher ist, je mehr Punkte zutreffen:

- Ihr Kind überlegt lange, bevor es etwas anfängt.

- Ihr Kind benötigt lange Zeit für die Durchführung von Aufgaben, unter anderem, weil es sich an unwichtigen Kleinigkeiten aufhält.
- Ihr Kind kontrolliert seine fertige Leistung mehrfach und sehr kritisch.
- Ihr Kind wagt sich nicht an Aufgaben heran (aus Angst, zu versagen).
- Ihr Kind achtet extrem auf sein Äußeres.
- Ihr Kind nimmt sich Kritik sehr zu Herzen.
- Ihr Kind tut sich schwer damit, Lob und Komplimente anzunehmen.
- Ihr Kind spricht abwertend über sich oder seine Leistungen.
- Ihr Kind erzählt oft von Erfolgen anderer, aber nicht von den eigenen.
- Ihr Kind wirkt verkniffen und gestresst.

Aber was können Sie dagegen tun, dass Ihr Kind zu einem Perfektionisten wird? Ziemlich viel sogar. Helfen Sie Ihrem Kind zunächst, seine Stärken und Schwächen zu identifizieren. Heben Sie die Stärken immer wieder hervor und geben Sie Ihrem Kind die Möglichkeit, sie im Alltag, bei Hobbys etc. einzusetzen. Mehr dazu noch im nächsten Kapitel. Seine Schwächen soll es jedoch auch nicht als et-was Negatives begreifen, sondern einfach als Teil von sich anerkennen. Erklären Sie Ihrem Kind, dass niemand perfekt ist bzw. dass es Perfektion gar nicht gibt. Jeder hat seine persönlichen Stärken und Schwächen und jeder hat unterschiedliche Ansprüche und Vorlieben. Allen anderen oder auch nur einem gewissen Teil von ihnen zu gefallen, ist nicht möglich. Jeder ist aber dadurch, dass er einzigartig ist, ein perfekter Mensch.

Finden Sie außerdem gemeinsam mit Ihrem Kind etwas Positives in den Schwächen. Wenn jemand zum Beispiel sehr sensibel ist, heißt das zwar zum einen, dass er von der harten Realität mitunter überfordert ist, aber andererseits bedeutet es großes Einfühlungsvermögen und kann insofern zu Hilfsbereitschaft, Verantwortungsbewusstsein und später einem Beruf im sozialen Bereich führen. Fast jede Eigenschaft hat in irgendeiner Situation etwas Gutes und kann, richtig genutzt, zu einem positiven Lebensweg beitragen. Dass eine Eigenschaft als Schwäche erscheint, liegt meist einfach daran, dass sie noch nicht positiv zum Einsatz gekommen ist. Überlegen Sie daher ausführlich, in welchen

Situationen die vermeintlich negativen Eigenschaften Ihres Kindes sich positiv auswirken können. Verstehen Sie darüber hinaus und erklären Sie auch Ihrem Kind, dass es nur als Gesamtpaket der Mensch ist, der es ist. Wenn es bestimmte weniger vorteilhafte Eigenschaften hat, gehört dies eben einfach zu der Persönlichkeit, die so viele tolle andere Eigenschaften besitzt. Ganz wichtig übrigens: Äußere Aspekte wie Aussehen, Kleidung oder Besitzverhältnisse sind niemals als Schwächen zu sehen!

Ferner ist auch entscheidend, dass Sie Ihr Kind wie oben beschrieben oft und auf die richtige Art loben, während Kritik nur bei tatsächlichen Fehlern und nur auf freundliche, konstruktive Art geschehen darf. Zudem müssen Sie Ihrem Kind beibringen, dass man Fehler zugeben und dazu stehen muss. Schließlich sind sie nur menschlich und kein Grund, um sich zu schämen. Zeigen Sie Ihrem Kind dies auch, indem Sie offen zugeben, wenn Sie etwas falsch gemacht haben. Wenn Ihr Kind Schwächen hat, die sich nachteilig auf seine Zukunft auswirken und die veränderbar sind (zum Beispiel oft Wutanfälle zu bekommen oder die Hausaufgaben zu „vergessen"), dann arbeiten Sie gemeinsam mit Ihrem Kind daran. Achten Sie darauf, dabei immer nur ermutigend zu sein, aber niemals Druck auszuüben.

Seien Sie außerdem wachsam, ob Ihr Kind perfektionistische Züge entwickelt. Wenn Sie zum Beispiel bemerken, dass es ewig an etwas herumfeilt, das eigentlich schon fertig und gut ist, schreiten Sie ein. Das heißt: Loben Sie Ihr Kind für den aktuellen Stand seiner Leistung und fragen Sie es, warum es noch nicht zufrieden ist. Ist Ihr Kind niedergeschlagen, weil es in seinen Augen etwas nicht so gut gemacht hat, wie es sollte, oder weil es eine Bewertung bekommen hat, die nicht seinen Ansprüchen genügt, muntern Sie es auf. Lockern Sie die Stimmung durch etwas, das ihm Spaß bringt - am besten et-was, worin Ihr Kind gut ist und Sie weniger begabt sind. Das ist eine gute Gelegenheit, Ihrem Kind zu zeigen, dass es nicht nötig ist, perfekt oder auch nur gut zu sein. Nutzen Sie auch sich im Alltag bietende Gelegenheiten, Ihre Schwächen zu zeigen und selbstbewusst zu ihnen zu stehen.

Die eigene Persönlichkeit finden & zu ihr stehen

Jeder Mensch hat ganz individuelle Eigenschaften, Talente und Vorlieben. Das gilt natürlich auch für Ihr Kind bzw. jedes Ihrer Kinder (genauso wie für Sie). Nur, wenn Ihr Kind seine persönlichen Stärken kennt und diese nach Herzenslust ausleben kann, fühlt es sich wirklich wertvoll und anerkannt. Die individuellen Fähigkeiten einzusetzen, ist der Grundstein für ein glückliches Leben. Denn zum einen fühlt Ihr Kind sich erfüllter - schließlich hat es Beschäftigungen, die ihm Spaß machen. Zum anderen erkennt Ihr Kind, dass es bestimmte Dinge gut kann, vielleicht sogar sehr gut. So gewinnt es Zutrauen in sich und wird gegen Schwierigkeiten, herabsetzende Bemerkungen sowie wohlmeinende, aber falsche Einflüsse gewappnet. Wer seine individuellen Fähigkeiten und Eigenschaften kennt, der weiß, wer er ist und dass er als dieser Mensch auf seine eigenen Kompetenzen bauen kann.

INTERESSEN & VORLIEBEN HERAUSFINDEN

Nicht nur aus Fähigkeiten und Charakterstärken, um die es im nächsten Unterkapitel geht, besteht die Persönlichkeit, sondern es gehören auch einfach die Aspekte dazu, die Ihr Kind mag oder nicht mag. Um gegen Einflüsse von außen gewappnet zu sein, sollten Sie Ihr Kind gewähren lassen, solange kein wichtiger Grund dagegen spricht. Beobachten Sie Ihr Kind genau und merken Sie sich alles oder schreiben Sie es sich auf (aber ohne dass Ihr Kind das bemerkt). Alles, was Ihr Kind mag oder nicht mag, ist für seine Persönlichkeitsentwicklung relevant. Indem Sie seine Vorlieben und Abneigungen anerkennen, zeigen Sie ihm, dass es sich nicht verstellen muss, um gemocht zu werden. Es wird somit in seiner Individualität gestärkt und lernt, dass es ein wertvoller Mensch ist - und zwar genauso, wie es ist. Dadurch beugen Sie Mobbing, Gruppenzwang sowie einer Beeinflussung durch die Medien in gewissem Ausmaß vor.

Indem Ihr Kind es gewohnt ist, so sein zu dürfen, wie es wirklich ist, wird es innerlich gestärkt. Zudem lernen Sie Ihr Kind besser kennen, sodass die Bindung und das Verständnis zwischen Ihnen wachsen. Ein weiterer Vorteil ist, dass Sie es mit Geschenken und kleinen Überraschungen erfreuen können, die es wirklich mag. Hierdurch wird wiederum das Gefühl der Wertschätzung und des Verständnisses bei Ihrem Kind gefördert. Denken Sie daran, sowohl positive als auch negative Aspekte einzubeziehen, denn die Vermeidung von etwas, das Ihr Kind nicht mag, ist ebenfalls eine wertschätzende Anerkennung seiner Persönlichkeit. Werfen Sie Ihre gesellschaftlich anerzogenen Normen über Bord und seien Sie ganz offen für das Wesen, das als Kind zu Ihnen gekommen ist. Einige Punkte für Ihre Beobachtungen seien hier nur beispielhaft aufgelistet:

- Was isst Ihr Kind gern? Welche Nahrung lässt es lieber liegen?
- Was trinkt Ihr Kind am liebsten? Wobei verzieht es das Gesicht?
- Welcher Musik hört Ihr Kind gern zu, tanzt es dabei vielleicht sogar oder singt mit? Wobei hält es sich die Ohren zu, rollt genervt mit den Augen oder verlässt den Raum?
- Von welchen Farben fühlt es sich angezogen? Welche meidet es?
- Womit spielt Ihr Kind am liebsten? Welche Spielzeuge rührt es kaum an?
- Welche Pflegeprodukte benutzt Ihr Kind gern? Wobei fühlt es sich unwohl?
- Welchen Sport macht es gern oder schaut dabei zu? Was möchte es nicht machen?
- An welche Orte geht es gern? Wo wirkt es niedergeschlagen, unlustig oder ängstlich?
- Zu welchen Menschen sucht es Kontakt? Mit wem möchte es nichts zu tun haben?
- Welche Fernsehsendungen sieht es gern? Welche schaltet es ab bzw. bittet Sie, abzuschalten?
- Welche Bücher liest Ihr Kind gern? Welche „vergisst" es nach einer Seite im Regal? (Für kleinere Kinder entsprechend mit Bilderbüchern oder vorgelesenen Geschichten.)

- Welche Kleidung trägt es gern? Was liegt ewig im Schrank?
- Bei welchem Wetter geht es gern raus? Wann bleibt es lieber drin?
- Bei welchen Unternehmungen ist Ihr Kind Feuer und Flamme? Wozu können Sie es kaum motivieren?
- Ist Ihr Kind lieber allein und beschäftigt sich still? Oder ist es eher der „Entertainer“?*

**Hinweis: Vielfach wird versucht, stille oder schüchterne Kinder „offener“ zu machen, da eine Art Störung vermutet wird. Das trifft jedoch in den meisten Fällen nicht zu - es gibt einfach unterschiedliche Menschen. Selbstbewusstsein heißt auch, dazu zu stehen, wenn man lieber nur mit wenigen, auserwählten Personen zu tun hat und nicht viel redet. Gleiches gilt auch für unruhige, laute Kinder. Jeder ist gut, wie er ist. Wenn Ihr Kind allerdings starke Verhaltensauffälligkeiten zeigt, zum Beispiel jeglichen Kontakt mit anderen Kindern meidet, starke Stimmungsschwankungen hat, das Lernen für die Schule verweigert oder extrem unruhig ist, müssen Sie dies zwar einerseits auch als Teil seiner Persönlichkeit akzeptieren, andererseits sollten Sie dieses Verhalten nicht verstärken, da es im Kindes- und Erwachsenen-leben zu großen Problemen führen kann.*

Möglicherweise deutet so ein Verhalten auf Hochsensibilität oder Hochintelligenz hin oder aber zum Beispiel auf ADHS oder Autismus. Ihr Kind benötigt dann unter Umständen eine spezielle Förderung. Informieren Sie sich gegebenenfalls bitte in der entsprechenden Fachliteratur, bei Beratungsstellen oder einem Kinderpsychologen. Trotz oder gerade wegen dieser etwaigen Besonderheiten müssen Sie Ihr Kind aber stärken und ihm beibringen, dass es trotzdem ein ganz normaler, wertvoller Mensch ist.)

Am besten ist es, wenn Sie bereits in der frühen Kindheit mit der Beobachtung und Anerkennung der persönlichen Vorlieben und Abneigungen beginnen. Denn dort haben sich in aller Regel noch keine starken Einflüsse aufgebaut und auch irrationale Ängste sind meist noch nicht entstanden.

Im Alter von drei bis sechs Jahren sollten Sie Ihrem Kind verschiedene Auswahlmöglichkeiten anbieten und es fragen (aber nicht drängen!), was davon es tun möchte bzw. was es am liebsten mag. Sagen Sie ihm, dass es ganz frei aus sich selbst heraus entscheiden soll. Zweifeln Sie seine Entscheidung nicht an - auch nicht, wenn Sie vermuten, dass es aufgrund einer fremden Prägung so entscheidet. In diesem Fall bieten Sie ihm aber immer wieder verschiedene Möglichkeiten an. Ein junges Kind kann sich noch nicht gut verstellen (auch nicht vor sich selbst). Sein wahres Ich wird über kurz oder lang die Entscheidung übernehmen.

Bei Eintritt des Schulalters sollte Ihr Kind idealerweise schon stark gefestigt sein, denn hier nehmen die fremden Einflüsse und negativen Erfahrungen rasant zu. Ist Ihr Kind bereits in diesem Alter, sprechen Sie offen mit ihm darüber, dass es ganz es selbst sein und sich nicht von anderen beeinflussen lassen soll. Stellen Sie ihm die oben genannten Fragen und lassen Sie es frei entscheiden. Bieten Sie ihm verschiedene Möglichkeiten an, wenn es gerade keine Idee hat, und lassen Sie es frei wählen. Auch, wenn keine der Möglichkeiten ihm gefällt, akzeptieren Sie dies. Vielleicht hat Ihr Kind später eine Idee oder Sie haben weitere, die Sie ihm vorschlagen können.

Es sollte aber nicht dahin führen, dass Ihr Kind ständig mit „Keine Ahnung" antwortet, denn ein selbstbewusster Mensch trifft Entscheidungen. Man kann und soll natürlich erst mal überlegen, aber dann die momentan beste Lösung auswählen oder sich bewusst Gedanken darüber machen. Sich für oder gegen etwas zu entscheiden, ist ein Teil der Selbstfindung. Zum Selbst gehört, was man mag und was nicht. „Keine Ahnung" heißt insofern „Keine Ahnung wer ich bin und was ich will". Erklären Sie auch das Ihrem Kind (freundlich und nicht fordernd). Wenn Sie aber den Eindruck haben, dass Ihr Kind sich für etwas entscheidet oder bei einer Entscheidung bleibt, obwohl es damit nicht zufrieden ist, hinterfragen Sie seine Entscheidung. „Gefällt dir das wirklich (nicht)?", „ Magst du das wirklich (nicht)?", „Hast du wirklich (keinen) Spaß daran?".

Achten Sie darauf, dass Ihre Fragen nicht wie Kritik klingen - es kann schließlich sein, dass es tatsächlich der persönliche freie Wille Ihres Kindes ist und Sie sich mit Ihrem Eindruck irren. Es kann aber eben auch sein, dass Ihr Kind nur jemandem gefallen will, sei es Ihnen, seinen Freunden oder irgendjemand anderem. Auch, wenn es sich so verhalten will, wie andere es tun oder von ihm erwarten, ist das im Grunde seine freie Entscheidung. Sie können also nichts tun, außer ihm immer wieder zu erklären, dass es sich für sich ganz allein gemäß seiner eigenen Interessen und Vorlieben entscheiden soll.

Erzählen Sie ihm, warum es wichtig ist, eine eigene Persönlichkeit zu haben, und dass das Urteil anderer für den eigenen Wert nichts bedeutet. Bestärken Sie Ihr Kind in den Dingen, die es wirklich gern tut, aber zeigen Sie ihm immer gleich viel Liebe und Respekt, egal, welche Entscheidungen es trifft oder nicht trifft. Auch aus diesem Gefühl, einfach so geliebt zu werden, entsteht innere Stärke und somit die Fähigkeit, zu sich selbst zu stehen.

PERSÖNLICHE TALENTE & STÄRKEN ERKENNEN

Die persönlichen Stärken ermöglichen nicht nur ein Leben voller Freude und Sinnhaftigkeit, sondern können später auch Lösungen für Krisensituationen aufzeigen. Zudem ist es für Sie wichtig, die Talente und Eigenschaften Ihres Kindes frühzeitig zu erkennen, um optimal auf seine Bedürfnisse einzugehen und somit seine Entwicklung so positiv wie möglich zu fördern. Für Ihr Kind ist die Kenntnis seiner Fähigkeiten ebenfalls von großer Bedeutung, denn erst mit diesem Wissen kann es entscheiden, welchen Beruf es später ergreifen möchte und welche Wahlfächer es sich in der Schule aussucht. Vor allem aber hilft ihm die Kenntnis der persönlichen Talente und Stärken dabei, mit sich selbst im Einklang zu leben und sich (egal, in welchem Alter) die Beschäftigungen zu suchen, die es gern mag und gut kann. Durch die positiven Erfahrungen, die es dabei sammelt, werden sein Selbstwertgefühl und sein Selbstvertrauen weiter gestärkt.

Die individuellen Stärken sind daher nicht nur eine Basis, sondern auch der Motor für den Aufbau des Selbstbewusstseins. Von dem Begriff „Stärken“ werden sowohl die angeborenen Talente, wie zum Beispiel Musikalität oder Fantasie, als auch Charaktereigenschaften, wie beispielsweise Gerechtigkeits-sinn, Hilfsbereitschaft, Humor oder Neugier, umfasst. Auch die Dinge, für die sich Ihr Kind einfach interessiert, sowie im Laufe der Zeit die erlernten Kompetenzen gehören dazu. Obwohl Ihr Kind bei der Geburt intuitiv weiß, was es kann, und sich ganz natürlich in seinem Charakter zeigt, kann dieses Wissen der Seele schnell durch die Erfahrungen des Verstandes verschüttet werden. Hinzu kommt, dass Ihr Kind überhaupt erst einmal die Möglichkeit haben muss, sich selbst in den betreffenden Situationen kennenzulernen, denn nur dann wird es sich seiner Fähigkeiten und Interessen bewusst - und somit kann erst dann eine Stärke als solche erkannt werden. Es liegt an Ihnen als Eltern, Ihrem Kind alle Möglichkeiten offenzuhalten und ihm eine vollkommen freie, individuelle Entwicklung zu ermöglichen. Die folgende Herangehensweise soll Ihnen dabei helfen.

Vom ersten Tag seines Lebens zeigt Ihr Kind Ihnen, was es gut kann und gern tut. Natürlich in den Grenzen, die seine körperlichen und geistigen Fähigkeiten ihm zum jeweiligen Zeitpunkt seiner Entwicklung setzen. Sie erkennen grundlegende Ansätze für Talente jedoch tatsächlich schon bei einem Baby. Je früher Sie die Fähigkeiten und Vorlieben Ihres Kindes entdecken, desto besser ist es für seine weitere individuelle Entwicklung. Denn dann können Sie ihm von Beginn an die Möglichkeiten bieten, um es seinem wahren Selbst entsprechend zu fördern und zu stärken. Auch wenn Ihr Kind schon älter ist, ist es aber nicht zu spät, um damit anzufangen. Je nach Altersstufe ist die Herangehensweise jedoch unterschiedlich.

Für bis zu sechsjährige Kinder eignet sich die stille Beobachtung, bei welcher allerdings wieder in zwei Altersstufen unterteilt werden muss. Ist Ihr Kind zwischen null und drei Jahre alt, steht alles auf Anfang. Beobachten Sie Ihr Kind einfach im Alltag, kommentarlos und unauffällig. Es soll ja schließlich nicht merken, dass es beobachtet wird. Auch ein so kleines Kind würde sich dabei schon unangenehm überwacht fühlen. Lassen Sie Ihr Kind unbefangen und altersgerecht spielen und an Ihrem Alltagsgeschehen teilhaben. Notieren Sie heimlich auf einem Zettel, wenn Sie glauben, spezielle Stärken und Interessen Ihres Kindes entdeckt zu haben. Achten Sie dabei insbesondere auf die folgenden Fragen:

- Was kann Ihr Kind schon?
- Wovon fühlt es sich besonders angezogen?
- Worin ist es schon sehr sicher?
- Mag es Bilder, Musik, Bücher, Tiere, Pflanzen, Technik oder etwas anderes? Große, staunende Augen oder ein Griff nach einer betreffenden Sache geben Ihnen Aufschluss.

- Geht Ihr Kind offen auf fremde Menschen zu?
- Ist es mutig und voller Tatendrang? Vielleicht sogar abenteuerlustig?
- Wirkt es oft verträumt?
- Spricht Ihr Kind schon besonders gut?
- Hat es besonders ausgeprägte körperliche Fähigkeiten?
- Ist es sehr bewegungsfreudig, hat vielleicht sogar sportlichen Übermut?
- Ist Ihr Kind kreativ? Wenn ja, in welcher Art? Zum Beispiel Malen, Basteln, Musizieren, fantasievolle Geschichten erzählen... Das Spielen, beispielsweise mit Bauklötzen oder im Sandkasten, zeigt Ihnen ebenfalls, wie ideenreich Ihr Kind ist.
- Beschäftigt Ihr Kind sich gern still?
- Hört Ihr Kind bei Gesprächen der Erwachsenen interessiert zu? Wenn ja, bei welchen Themen?
- Geht Ihr Kind einfühlsam mit Menschen, Tieren und/oder Pflanzen um?
- Versucht es, im Rahmen seiner Möglichkeiten zu helfen?
- Hat Ihr Kind einen Sinn für Gerechtigkeit? Teilt es zum Beispiel fair oder versucht es, Streit zwischen anderen Kindern zu schlichten?
- Ist Ihr Kind humorvoll?
- Übernimmt Ihr Kind in einer Gruppe eine Art „Führungsposition“?

Lassen Sie Ihr Kind sich frei entfalten – achten Sie nur darauf, dass es sich bei seinem Entwicklungs-drang nicht verletzen kann und dass es nur mit altersgerechten Materialien „arbeitet“. Ansonsten engen Sie es in keiner Art und Weise ein. Beurteilen Sie zudem nichts negativ, auch nicht durch Ihre Blicke. Denn ein negatives Urteil von Ihnen (seinem Hauptbezugspunkt) würde seine Freude schmälern und ihm zu verstehen geben, dass es nicht richtig ist, was es tut. Bewundern Sie Ihr Kind stets, wenn es etwas macht, das ihm sichtlich Spaß bereitet – egal, wie gut die Ergebnisse aus Ihrer Sicht sind. Ihr Kind wird für sich nach und nach die geeigneten Spielsachen und Materialien aussuchen, denn ein

Kind in so jungem Alter weiß noch, was es im Leben will. Der Weg ist noch nicht verbaut.

Spielerisch wird Ihr Kind Ihnen zeigen, wo seine Talente und Vorlieben liegen. Stellen Sie ihm einfach alles zur Verfügung. Durch sein Verhalten wird es Sie ganz diskret um die entsprechende Förderung bitten. Mit anderen Worten: Mehr von den schönen Sachen, mit denen man so kreativ spielen kann, mit denen man sich so toll auch körperlich betätigen kann und die einfach Spaß machen. Ihr Kind soll sich vollkommen frei ausprobieren und verwirklichen können. Es erkennt von selbst, woran es wirklich Freude hat und was es gut kann. Lenken Sie es nicht. Achten Sie nur auf die Signale. Auch, wenn Ihr Kind etwas nicht mehr machen möchte, was es zuvor gern gemacht hat, akzeptieren Sie dies als Teil seiner Entwicklung. Es hat dann erkannt, dass diese Beschäftigung doch nicht seinem wahren Ich entspricht und dass es lieber etwas anderes machen möchte. Ihr Kind wächst durch seine eigenen Erfahrungen. Seien Sie einfach da und unterstützen Sie es dabei.

Frei zu sein, alles auszuprobieren und selbst zu entscheiden gibt Ihrem Kind ein starkes Selbstbewusstsein, denn es merkt, dass es voll und ganz akzeptiert wird. Zudem gewinnt es Zutrauen in die eigenen Entscheidungsfähigkeiten, sodass es auch im späteren Leben keine Schwierigkeiten haben wird, für sich selbst den besten Weg zu wählen und zu sich zu stehen. Das Selbstbewusstsein, das Ihr Kind in dieser frühen Phase lernt, bleibt ein Leben lang.

Wenn Ihr Kind schon zwischen drei und sechs Jahre alt ist, wird es möglicherweise nicht mehr ganz so leicht mit der stillen Beobachtung klappen. Versuchen Sie trotzdem, es so unauffällig wie möglich bei seinen eigenen Beschäftigungen und im Alltag zu beobachten. Während der Beobachtung merken Sie sich alles gut, aber schreiben es im Gegensatz zu der jüngeren Altersstufe nicht direkt auf. Das wäre zu auffällig. Notieren Sie Ihre Erkenntnisse später, wenn Ihr Kind nicht dabei ist, und achten Sie darauf, dass es den Zettel nicht findet. Zusätzlich zu Ihren aktuellen Beobachtungen (siehe wieder die obigen Fragen) schreiben Sie auch auf, woran Sie sich aus den frühen Jahren Ihres Kindes erinnern. Welche Vorlieben hat es schon immer gehabt? Haben Sie schon früh bestimmte Talente entdeckt? Stellen Sie Ihrem Kind auch auf dieser Entwicklungsstufe einfach alles zur Verfügung, woran es theoretisch Interesse haben könnte, und achten Sie darauf, was es von selbst tut und woran es Freude hat.

Beobachten Sie es außerdem beim Spielen mit anderen Kindern und bei alltäglichen Aufgaben. Wie geht es an die Sachen heran? Wirkt es sicher oder eher unsicher? Ihr Kind ist jedoch auch bereits in einem Alter, in dem es sich Dinge vorstellen und über Entscheidungen nachdenken kann. Beobachten Sie es also nicht nur, sondern reden Sie auch mit ihm. Fragen Sie es, was es am liebsten tun würde. Seien Sie dabei vollkommen unvoreingenommen und geben Sie weder durch Worte noch durch Blicke oder in sonstiger Weise eine Richtung vor. Ihr Kind soll sich seine Interessen wirklich ganz allein aus-suchen. Respektieren Sie seine Wünsche und erfüllen Sie sie ihm, damit es sich selbst verwirklichen kann.

Ab dem Schulalter ist eine stille Beobachtung nicht mehr möglich. Ihr Kind ist in seiner geistigen Entwicklung so weit, dass es diese „Überwachung“ auf jeden Fall bemerken würde. Natürlich können und sollen Sie weiterhin darauf achten, was Ihr Kind gern tut. Still für sich allein sollten Sie sich außerdem erinnern, was es in seinen ersten sechs Lebensjahren gern gemacht hat. Es funktioniert aber nicht mehr, ihm einfach Sachen hinzulegen und „unauffällig“ aus dem Hintergrund zu beobachten, was es macht. Stattdessen müssen Sie es fragen, womit es sich gern beschäftigt und was es mal ausprobieren möchte. Tun Sie das vollkommen wertfrei und bieten Sie ihm alle Optionen an. Wenn seine Wünsche Ihre finanziellen Möglichkeiten übersteigen, suchen Sie nach Wegen, wie Sie trotzdem seine Selbst-verwirklichung fördern können (zum Beispiel über Verwandte, staatliche Zuschüsse oder indem Sie ihm die Lage erklären und gemeinsam mit ihm eine Kompromisslösung finden).

Lassen Sie Ihr Kind in Ruhe alles ausprobieren, was es möchte. Drängen Sie es zu nichts und erwarten Sie nicht, dass es eine Aktivität weitermacht, nur, weil es sie einmal angefangen hat. Erwarten Sie auch keine Entscheidung von ihm darüber, ob es dauerhaft dabei bleiben möchte. Lassen Sie es einfach gewähren und akzeptieren Sie, wenn es nach ein paar Wochen oder Monaten lieber etwas anderes machen möchte. Fragen Sie Ihr Kind offen, wie ihm die Beschäftigung gefallen hat, immer, nachdem es damit fertig ist. Achten Sie darauf, nicht übermäßig neugierig, aber interessiert zu wirken. Erkundigen Sie sich nach Details und nehmen Sie sich die Zeit, um sich alles genau erzählen zu lassen. Das fördert das Vertrauen zwischen Ihnen und gibt Ihrem Kind das Gefühl, dass Sie auf positive Art an seinem Leben teilhaben möchten. Stellen Sie immer klar, dass Sie nichts von ihm erwarten und dass es voll-kommen frei in seinen Entscheidungen ist.

Egal, in welcher Altersstufe sich Ihr Kind gerade befindet, sorgen Sie dafür, dass alle anderen Bezugs-personen mit Ihnen an einem Strang ziehen. Beide Elternteile, Großeltern, Onkel, Tanten, Freunde der Familie - alle sollten die freie Entfaltung Ihres Kindes unterstützen und es nicht beeinflussen. Falls eine nahestehende Person dies nicht respektiert, müssen die anderen (allen voran Sie) umso mehr dafür sorgen, dass das Selbstbewusstsein Ihres Kindes gefestigt wird. Je älter Ihr Kind wird, desto mehr wird es aber Meinungen von Außenstehenden (insbesondere Mitschülern) ausgesetzt sein. Hat Ihr Kind bereits ein starkes Selbstbewusstsein, wird ihm das hoffentlich nichts ausmachen. Idealerweise hat es auch Freunde, dies es so respektieren, wie es ist, oder vielleicht sogar die gleichen Interessen haben.

In jedem Fall müssen Sie darauf achten, dass Ihr Kind offen mit Ihnen spricht und über seine Gefühle redet (siehe dazu das nächste Unterkapitel). In solchen Gesprächen können Sie klarstellen, dass die Meinung der anderen nicht zählt, sondern nur das, was man selbst will. Erklären Sie Ihrem Kind, dass jeder das Recht hat, das zu tun, was ihm Spaß macht. Stellen Sie auch klar, dass Ihr Kind nicht die „falschen" Interessen hat, sondern dass die anderen die falsche Meinung haben.

Wer anderen seine Fähigkeiten und Vorlieben nicht gönnt, ist es nicht wert, dass man sich über ihn ärgert oder traurig ist - bringen Sie Ihrem Kind bei, solchen Gegenwind zu ignorieren. Meist sind es gerade solche Menschen, die sich insgeheim am meisten wünschen, dass sie sie selbst sein könnten. Sie trauen sich jedoch nicht oder wissen vielleicht nicht einmal, wer sie sind, und das macht sie wütend. Diese Wut lassen sie dann an anderen aus. Erklären Sie Ihrem Kind dies in altersgerechten Worten und ermutigen Sie es, seine Talente immer weiter auszuleben und auszubauen. Das Selbstbewusstsein Ihres Kindes fördern Sie auch, indem Sie selbst Hobbys oder Interessen nachgehen, die ungewöhnlich sind oder anderen nicht gefallen. Auf das Thema Hobbys komme ich noch gesondert im nächsten Hauptkapitel zurück.

REGELN AUFSTELLEN - ABER WIE?

Natürlich sind der freien Entfaltung Ihres Kindes dort Grenzen gesetzt, wo es sich selbst oder andere dadurch gefährden würde. Als Gefährdung sind auch ungeeignete oder übermäßige Mediennutzung und grob unvernünftiges Verhalten, wie zum Beispiel eine Ernährung ausschließlich mit Süßigkeiten, oder Schulverweigerung zu sehen. Auch im häuslichen Zusammenleben sollten natürlich Regeln gelten, da-mit es für alle erträglich bleibt. Außerdem muss Ihr Kind trotz allen Selbstbewusstseins lernen, sich an Vorschriften zu halten, denn es wird im Laufe seines Lebens noch mit vielen Regeln zu tun haben. Vorgaben zu akzeptieren, sofern diese einen Sinn ergeben, vernünftig oder unumgänglich sind, gehört auch zu einem gesunden Selbstbewusstsein. Ihr Kind muss lernen, dass derartige Einschränkungen nicht dazu da sind, seinen Selbstwert zu schmälern, sondern aus bestimmten Gründen geboten sind. Wenn man nämlich sinnvolle Regeln als Angriff auf die eigene Persönlichkeit betrachtet, zeugt das ebenfalls von einem zu geringen Selbstwertgefühl.

Die Regeln, die bei Ihnen zuhause gelten, sollten deshalb aber wirklich sinnvoll und vernünftig sein. Ein siebenjähriges Kind um 20 Uhr ins Bett zu schicken, während Sie noch bis tief in die Nacht auf der Terrasse sitzen oder fernsehen, hat keine vernünftige Basis. „Ich musste das früher auch", oder, „Deine Freunde müssen jetzt auch ins Bett", ist keine Rechtfertigung. Gerechtfertigt wäre aber zum Beispiel, zu sagen, dass Ihr Kind sich um diese Zeit ruhig verhalten soll, damit Sie alle zur Ruhe kommen und beispielsweise um 22 Uhr ins Bett gehen, um am nächsten Morgen rechtzeitig vor Arbeit und Schule ausgeruht aufzustehen. Sie sollten außerdem für sich und Ihre Kinder in allen Bereichen dieselben Regeln gelten lassen, es sei denn, aufgrund des Alters oder anderer Umstände sind unterschiedliche Regeln angemessen.

Wenn Sie sich selbst Freiheiten erlauben, die Sie Ihrem Kind verbieten und für die nicht aus Vernunft-gründen unterschiedliche Regeln geboten sind, versteht Ihr Kind das nicht und fühlt sich ungerecht behandelt. Zu Recht, denn es besteht ja kein angemessener Grund. Wenn ein solcher Grund besteht, erklären Sie Ihrem Kind diesen in altersgerechten Worten. Natürlich funktioniert das erst, wenn Ihr Kind ursächliche Zusammenhänge versteht und eine gewisse sprachliche Entwicklung hat. Zuvor sollten Sie sich nach Möglichkeit selbst auch nicht die Freiheiten nehmen oder das nur tun, wenn Ihr Kind es garantiert nicht mitbekommt (was in manchen Fällen, wie zum Beispiel dem Alkohol- oder Zigarettengenuss, ohnehin schon aus Sicherheits- und Gesundheitsgründen geboten ist). Da Ihr Kind in dem Alter körperlich noch nicht weit entwickelt ist, sind ihm viele Dinge, die Sie tun, aber sowieso nicht möglich, sodass der Konfliktgrund entfällt.

Sprechen Sie in jedem Fall immer ruhig und sachlich mit Ihrem Kind, schimpfen Sie es nicht aus und bestrafen Sie es nicht. Erklären Sie ihm vernünftig, warum es etwas Bestimmtes tun muss oder (noch) nicht tun darf, beispielsweise, dass gewisse Dinge erst mit 16 oder 18 Jahren erlaubt sind, dass alle Kinder zur Schule gehen müssen oder dass bestimmte Handlungen gefährlich sind. Beschreiben Sie geduldig und ausführlich, gehen Sie gelassen mit Widerworten um und reden Sie nicht von oben herab. Stellen Sie sich (gespielt oder in echt) auf seine Seite, jedoch als Mensch mit vernünftiger Einsicht.

Sagen Sie zum Beispiel: „Ich kann verstehen, dass du das gern (bzw. nicht) tun möchtest, aber du und ich können es nicht ändern. Wir müssen diese Regeln akzeptieren. Sie gelten für alle." So wirken Sie verständnisvoll und Ihr Kind ist deshalb geneigter, die Regeln hinzunehmen. Wenn Sie stattdessen schrei-en würden, „Du machst das jetzt und damit basta, sonst gehst du heute ohne Abendbrot ins Bett!", wäre das Selbstbewusstsein Ihres Kindes stark beschädigt und es würde sich entweder weinend in sein Zimmer verziehen oder einen riesigen Wutanfall bekommen. Ruhe, Geduld und Verständnis sind das A und O in der Kindererziehung. Denken Sie immer daran, auch wenn Sie innerlich am Rande der Verzweiflung sind. Es bringt niemandem etwas Gutes, wenn Sie Ihr Kind anschreien, ihm Vorwürfe machen oder es bestrafen.

Nun zu den häuslichen Regeln - wie schaffen Sie es, dass Ihr Kind diese akzeptiert und sich nicht übergangen fühlt? Ganz einfach: Verhandeln Sie mit allen Familienmitgliedern gemeinsam darüber. So fühlt sich Ihr Kind einbezogen und wertgeschätzt. Nehmen Sie sich Zeit, setzen Sie sich bequem an den großen Küchentisch oder ins Wohnzimmer und sprechen Sie miteinander.

Zu Beginn darf jeder vortragen, welche Freiheiten er selbst haben möchte und welches Verhalten er sich von den anderen wünscht. Alles sollte zusätzlich aufgeschrieben werden. Hören Sie zunächst nur zu und notieren Sie alles, ohne bereits Kommentare abzugeben. Das gilt für alle gleichermaßen - besprechen Sie dies vorab mit Ihrem Kind bzw. Ihren Kindern. Im Anschluss vergleichen Sie in Ruhe, welche Wünsche ohne Weiteres miteinander vereinbar sind. Markieren Sie diese mit einem grünen Haken. Danach schauen Sie sich die verbleibenden Wünsche an. Nun gilt es, diese irgendwie unter einen Hut zu bringen.

Das heißt, Sie müssen über jeden Wunsch einzeln sprechen und einen Kompromiss finden. Dieser kann zum Beispiel so aussehen, dass jeder ein bisschen von seinem Wunsch abrückt, damit Sie sich in der Mitte treffen können. Ist ein Wunsch aus Vernunftgründen nicht möglich oder ist er komplett unangemessen, muss die jeweilige „Gegenpartei" erklären, warum das so ist. Auch Ihr Kind darf natürlich äußern, wenn es einen Ihrer Wünsche für unangemessen hält, und Sie sollten dann bereit sein, dies ein-zusehen.

Wenn Ihr Kind sieht, dass Sie willens sind, auf etwas zu verzichten, versteht es leichter, dass es das selbst auch mitunter tun muss. Hat jeder einen Wunsch, den ein anderer nicht erfüllen möchte, aber der nicht unvernünftig ist oder eine zu große Belastung darstellt, ist es unter Umständen auch eine gute Lösung, wenn Sie sich gegenseitig diese Wünsche zugestehen, ganz nach dem Motto: „ Wenn du mir dies gibst, gebe ich dir das."

Auch etwaige Folgen bei Nichteinhalten der Regeln sollten Sie gemeinsam verhandeln. Bei Regeln, die für alle gelten, sollten auch dieselben Folgen bei Verstößen gelten. So stellen Sie ein Gefühl von Gleichberechtigung her, das für das Selbstbewusstsein sehr wichtig ist. Ihr Kind darf sich niemals fühlen, als ob Sie von oben herab über es bestimmen. Das kann man nämlich nur über eine Sache, nicht aber über einen Menschen mit einer angeborenen Würde. Im Anschluss an die „Verhandlung" halten Sie alle gemeinsam aufgestellten Regeln und Folgen von Verstößen auf einem großen Papier oder einer Tafel fest und schreiben alle Ihre Namen darunter. Hängen Sie sich diese „Übereinkunft" zum Beispiel in der Küche auf, sodass sie immer für alle gut sichtbar ist.

Wenn Ihr Kind sich mal in einer Weise, die nicht von einer vereinbarten Regel umfasst wird, so verhält, dass es ihm selbst oder jemand anderem schadet, erklären Sie ihm vernünftig, warum es sich so nicht verhalten darf. Bestrafen Sie es aber auch dann nicht, sondern besprechen Sie mit ihm gemeinsam, dass es dieses Verhalten in Zukunft unterlassen soll, und legen Sie wiederum gemeinsam fest, welche Konsequenzen ein Regelverstoß haben soll. Auf diese Art erhöhen Sie die Einsicht Ihres Kin-des und seine Bereitschaft, sich richtig zu verhalten, ohne dabei Ihr Vertrauensverhältnis und sein Selbstbewusstsein zu belasten.

GEFÜHLE VERSTEHEN & MIT IHNEN UMGEHEN

Auch Gefühle sind ein wichtiger Teil der eigenen Persönlichkeit. Manche Menschen sind nah am Wasser gebaut und andere eher „cool", einige sind temperamentvoll und andere eher ruhig. Das sind jetzt nur einige sehr grob gefasste Beispiele - wie Ihr Kind emotional „aufgestellt" ist, wissen nur Sie und Ihr Kind selbst. Beobachten Sie es auch in dieser Hinsicht ganz genau und - ganz wichtig - lassen Sie es seine Gefühlswelt so zeigen, wie sie ist. Sie ist ein Teil von ihm und drückt aus, was in seinem Inneren los ist. In unserer Gesellschaft werden Menschen, die Gefühle gleich welcher Art „mehr als normal" zeigen, oft belächelt, verspottet und ausgegrenzt. „Weichei", „Heulsuse", „Zappelphilipp", „ HB-Männchen" und andere wenig nette Titel gibt es für solche Personen. Bloß nicht auffallen, bloß nicht die anderen wissen lassen, was in einem vorgeht. Solche Gedanken beginnen wir deshalb von Kindheit an zu entwickeln und diese Einstellung spiegelt sich leider auch oft in der Erziehung wider.

Ebenso wenig, wie man jemandem vorschreiben kann, was er mögen soll, kann man ihm aber vorschreiben, wie er sich fühlen soll. Die Gefühle sind nun einmal da und sie wollen raus. Das ist auch gut so, denn wenn man seine Gefühle immer für sich behält und unterdrückt, fühlt man sich zunehmend schlecht. Unverstanden, für das eigene Selbst missachtet, sonderbar und ganz sicher nicht selbstbewusst. Sicher kennen Sie selbst diesen Zustand aus Ihrem Berufs- und Privatleben. Bestimmt waren Sie schon öfter in der Situation, „Haltung bewahren" zu müssen, und haben sich dabei gefühlt, als ob sich in Ihnen ein Fleischwolf dreht und Sie gleich in mehrere Teile gerissen werden. So fühlt sich auch Ihr Kind, wenn Sie es für seine Gefühle tadeln oder ihm gar verbieten, seine

Gefühle zu zeigen.

Sicher kann es Eltern an den Rand der Verzweiflung bringen, wenn ihr Kind im Supermarkt schreit und sich auf den Boden wirft, nicht aufhört, zu weinen, weil es nicht länger auf dem Spielplatz bleiben soll, oder die ganze Zeit albern ist, während sie gestresst von ihrer Arbeit sind. Es hat niemand behauptet, dass das schön ist, und es geht auch nicht darum, dieses Verhalten zu fördern. Jedoch müssen Sie zulassen, dass Ihr Kind Ihnen gegenüber frei seine Gefühle zeigt, denn nur dann besteht wirkliches Vertrauen zwischen Ihnen und Ihrem Kind. Und dieses ist bekanntlich die Basis für ein harmonisches, schönes Zusammenleben in der Familie und ein gutes Verhältnis auch über die Kindheit hinaus. Sagen und zeigen Sie Ihrem Kind daher, dass es seine Gefühle nicht vor Ihnen verstecken braucht und dass Sie diese als Teil seiner Persönlichkeit so akzeptieren, wie alles andere von ihm auch.

Sehr wichtig ist dabei nicht nur, dass Sie seine kleinen und großen Gefühlsausbrüche (egal, ob positiv oder negativ) nicht unterbrechen, sondern auch, dass Sie Verständnis zeigen. Nehmen Sie teil an dem, was Ihr Kind bewegt. Lassen Sie sich erzählen, worüber es fröhlich, traurig oder wütend ist, und hören Sie aktiv zu. Halten Sie Blickkontakt, seien Sie mit Ihrer ganzen Aufmerksamkeit voll da und zeigen Sie Ihrem Kind dies durch kleine Zwischenbemerkungen oder -fragen. Wenn Ihr Kind fröhlich ist, dann seien Sie dies mit ihm - falls Sie eigentlich „schlecht drauf" sind, lassen Sie sich einfach von ihm mitreißen.

Wenn Ihr Kind traurig ist, nehmen Sie es natürlich in den Arm und trösten es. Dabei sollen Sie aber natürlich nicht bewirken, dass Ihr Kind sich in seine Traurigkeit weiter hineinsteigert. Geben Sie ihm die Gelegenheit, einen Moment lang traurig zu sein, denn es ist wichtig, das Gefühl auszuleben. Durch verständnisvolle Worte und Ihre liebevolle Umarmung wird es sich schon besser fühlen, aber zusätzlich sollten Sie es aufheitern. Lenken Sie seine Aufmerksamkeit auf etwas, das ihm Spaß macht, oder ein schönes Erlebnis, das Sie in letzter Zeit zusammen hatten. Gut ist auch, wenn Ihr Kind aktiv wird, um sich aus seiner schlechten Stimmung zu befreien, zum Beispiel durch Sport bzw. Bewegung oder eine Lieblingsbeschäftigung, wie beispielsweise Malen oder Gitarre spielen. Das Gleiche gilt auch für jede andere Art schlechter Stimmung wie Wut, Angst, Verzweiflung und dergleichen. Denn genauso wichtig, wie Gefühle zeigen zu können und verstanden zu werden, ist es, sich aus negativen Gefühls-zuständen zu befreien. Das Verständnis darf daher nie in Mitleid ausarten!

Wenn Sie bemerken, dass Ihr Kind gerade stärkere Gefühle jedweder Art hat, aber es von selbst nicht darüber spricht, fragen Sie es, wie es sich gerade fühlt. Das Gefühl zu benennen oder es zu beschreiben, trägt dazu bei, dass Ihr Kind dieses aktiv bearbeitet, und fördert das Verständnis für die eigene Gefühlswelt. Zudem beruhigt sich Ihr Kind dabei ein wenig, da es darüber nachdenken muss, was in ihm vorgeht. Fragen Sie auch, warum genau es sich so fühlt. Dies treibt die weitere Auseinandersetzung mit den eigenen Gefühlen voran, zeigt ihm Ihr Interesse und sorgt dafür, dass Ihr Kind sich mit seinen eigenen inneren Vorgängen beschäftigt. Vielleicht erkennt es dabei sogar, dass es sich mehr aufregt, als es der Situation angemessen ist - sagen Sie ihm so etwas aber nicht, denn sonst denkt es, dass Sie es nicht verstehen. Auf jeden Fall lernt Ihr Kind so, seine eigenen Gefühle zu verstehen, und setzt sich mit Situationen, die bei ihm bestimmte Gefühle auslösen, auseinander.

Auf die Art erkennt Ihr Kind zum einen, dass es nichts Schlimmes ist, Gefühle zu haben, und dass Sie verständnisvoll an seinem Leben teilnehmen. Zum anderen lernt es, mit seiner Gefühlswelt umzugehen, und fühlt sich somit von ihr nicht so leicht überfordert. Dies ist sehr wichtig, denn wenn man sich von den eigenen Gefühlen überfordert fühlt, wird man unausgeglichen und leicht reizbar, sodass man zu immer stärkeren Gefühlsausbrüchen neigt. Oder aber man zieht sich immer mehr in sein Inneres zurück und meidet soziale Kontakte - hier zeigt sich wieder, wie unterschiedlich Menschen sind.

Wenn Ihr Kind aufgrund einer Situation traurig, wütend etc. ist, die länger fortbesteht, besprechen Sie auch, wie man das Problem lösen kann. Machen Sie Vorschläge, aber lassen Sie vor allem auch Ihr Kind darüber nachdenken und eigene Ideen entwickeln. Denn für das spätere Leben ist entscheidend, dass es trotz schlechter Gefühle in der Lage ist, in schwierigen Lagen und Krisensituationen vernünftig zu überlegen und Lösungen zu finden.

Von großer Bedeutung ist auch, dass Sie insgesamt in Ihrer Familie offen mit Gefühlen umgehen. Wenn Mama und Papa immer „cool" sind, wird das Kind sich wie ein Außerirdischer fühlen, wenn es das einzige Familienmitglied mit

Emotionen ist. Sie sollen natürlich keine heftigen Gefühlsausbrüche haben, so, wie Ihr Kind diese vielleicht hat. Aber wenn etwas Sie fröhlich, traurig, wütend, ängstlich etc. macht, sollten Sie dies nicht komplett verbergen. Achten Sie aber darauf, dass Sie nicht wirken, als ob Sie die Kontrolle über sich verlieren, denn das verursacht bei Ihrem Kind ein Gefühl der Angst und ist zudem ein schlechtes Vorbild.

Ihr Kind soll ja gerade verstehen, dass man Gefühle haben und dabei trotzdem innerlich stark bleiben kann. Viel wichtiger als das Zeigen ist daher das Sprechen über Ihre Gefühle. Jedes Familienmitglied sollte offen vor allen anderen sagen, wie es sich fühlt und warum es diese Gefühle hat. Natürlich darf man das auch am Gesichtsausdruck sehen, an der Stimme hören und auch Tränen sind erlaubt. Genauso, wie Sie es Ihrem Kind beibringen wollen, steigern Sie sich aber nicht in Ihre negativen Gefühle hinein, sondern machen bald etwas Positives und überlegen sich gegebenenfalls eine Lösung für die Situation, die Ihnen negative Gefühle bereitet.

Hobbys als Stärkung, Ausgleich & Lebensperspektive

Fast jeder Erwachsene hat neben dem Beruf ein bis zwei Lieblingsbeschäftigungen bzw. Hobbys in seiner Freizeit und somit einen Ausgleich für den stressigen Berufsalltag. Auch in der Kindheit ist so ein Futter für die Seele dringend nötig, denn leider heißt Kindheit in unserer Welt nicht, dass man nur Dinge tut, die einem Spaß bringen und die man sinnvoll findet. Deshalb ist es wichtig, dass Sie als Eltern darauf achten, dass Ihr Kind genügend Freizeit hat, über die es frei bestimmen kann und in der es sich so verwirklichen kann, wie es dies selbst möchte.

WARUM FREIZEIT FÜR IHR KIND SO WICHTIG IST

Im Kleinkindalter sollte es eigentlich noch selbstverständlich sein, dass Kinder ein Leben führen können, das ihren eigenen Bedürfnissen und Interessen entspricht. Dies bedeutet, sich selbst zu entwickeln und zu finden, um ein ganz eigenes Selbstbewusstsein herzustellen. Und das geht für Kleinkinder nun mal am besten im sicheren, liebevollen Umfeld von Familie und Freunden. Ein Kind, warum auch immer, schon in jüngstem Alter an einen fremden Ort namens Kita bzw. Kindergarten zu schicken, ist für das unerfahrene Wesen einfach unnötiger Stress.

Es wird Sehnsucht nach Ihnen haben und Sehn-sucht tut bitter weh, auch schon in einem Kinderherzen. Ihr Kind wird sich dort ganz sicher nicht so wohl fühlen wie bei Ihnen und bekommt den Eindruck, dass es aus der Familie ausgeschlossen wird. Sein Vertrauen in Sie wird schon früh erschüttert werden. Ihr Kind wird den Tag über schon in diesem sehr frühen Stadium seiner Entwicklung Dinge tun müssen, die es vielleicht gar nicht tun möchte, und mit vielen anderen Menschen zwangsweise zusammen sein müssen, mit denen es freiwillig wohl kaum zusammen wäre. So ist es auch bereits in dieser frühen Phase einem enormen Spektrum fremder Ein-flüsse ausgesetzt, die sich nicht unbedingt vorteilhaft, vielleicht sogar nachteilig, auf jeden Fall aber prägend auf seine Entwicklung auswirken.

Es sollte aber lieber erst einmal sich selbst ganz in Ruhe kennenlernen, bevor es auf die große weite Welt trifft. Denn nur, wenn es sich selbst kennt, kann es sich auch anderen gegenüber treu bleiben. Schicken Sie Ihr Kleinkind in eine Kita, wird das, was Sie zuhause behutsam und liebevoll aufgebaut haben, vielleicht von anderen Menschen in wenigen Stunden mit dem Hintern umgestoßen. Das muss doch nicht sein, oder? Möchten Sie zuhause mit Ihrem Kind immer wieder von vorn anfangen? Ganz sicher nicht und ganz sicher ist auch das Geld, das Sie in der Zeit verdienen, während Ihr Kind in der Kita ist, diesen Mehraufwand und diesen Nachteil für die Entwicklung Ihres Kindes nicht wert.

Es ist viel besser, wenn Ihr Kind sich in seinem natürlichen Umfeld entwickeln kann. Sie müssen dafür nicht ganz auf Ihre Arbeit verzichten, sondern nur andere Lösungen finden und eventuell ein paar Abstriche machen. In der Nachbarschaft gibt es sicher auch Kinder und man kann mit gleichgesinnten Eltern bzw. Freunden sicher angenehme und entwicklungsfördernde Spielgruppen gründen. Hier ist Ihr Kind zwar auch nicht bei Ihnen, aber zumindest in einem vertrauten, positiven Umfeld. Fazit: Das Kleinkindalter ist die Zeit für alle Lieblingsbeschäftigungen in Freiheit.

Ab einem gewissen Alter (4-5 Jahre) ist es aber wiederum doch ganz gut, wenn Kinder halbtags im Kindergarten sind, denn so werden sie auf den zwangsläufig folgenden Schulalltag vorbereitet. In diesem Alter ist Ihr Kind in aller Regel auch gefestigt genug dafür und wird verstehen, dass man auch mit vielen anderen einen Teil des Tages verbringen muss, wie es auch in der Schule ist. Ihr Kind sollte sich vor der Einschulung schon in milder Form an diese Vorstellung gewöhnen, dann bricht der bevorstehende Schulalltag nicht ganz so unvermittelt über es herein. Die wenigsten Kinder sind von der Schule begeistert, müssen aber einsehen, dass der Schulbesuch nun mal Pflicht ist.

Einen großen Teil des Tages eingepfercht in zum Teil miefigen Räumen ohne Atmosphäre zu sitzen, mit mehr oder weniger sympathischen Menschen, überfordert mit Lerninhalten und Aufgaben, über deren Sinn und Unsinn man sich streiten kann - das kann man nicht guten Gewissens als etwas Schönes betrachten. So sind aber die Gegebenheiten und Lehrpläne. Schön, wenn wenigstens die Lehrer gut sind und man ein paar Freunde hat, aber das bleibt für viele Schüler und ihre Eltern nicht selten ein Traum.

Da schmeckt oft nicht einmal das liebevoll zubereitete Pausenbrot. So manches Schulbrot wurde schon in der großen Pause mit bitteren Tränen der Frustration und der Sehnsucht getränkt. Sehnsucht nach zuhause, den lieben Menschen und vielleicht auch Tieren dort, den Lieblingssachen und Lieblingsbeschäftigungen. Gelangweilt, gestresst, überfordert, unterfordert, vielleicht sogar gemobbt, so ertragen viele Schüler die Schule mehr schlecht als recht. All das muss Ihr Kind nun jahrelang verkraften, ohne Chance auf Entkommen. Der Sinn? Der Schulabschluss, in wenigen Fällen auch das Lernen fürs Leben.

Jedes Kind wird zwar auch Lieblingsfächer haben, die seinen Neigungen entsprechen und in denen es insofern seine Persönlichkeit entfalten kann, aber eben auch Fächer, die ihm gar nicht entgegenkommen. Erklären Sie Ihrem Kind aber, dass es in allen Fächern so gut wie möglich sein sollte. So gut wie möglich heißt nicht, alles richtig zu machen, Einsen oder Zweien zu schreiben oder ein Überflieger zu sein, sondern einfach das für sich selbst bestmögliche Ergebnis zu erzielen. Für einige ist das vielleicht eine Drei, für andere eine Vier, während wieder andere im selben Fach eine Eins haben. Was nicht geht, das geht nicht, Menschen haben nun einmal unterschiedliche Begabungen. Meistens hat jedes Kind aber Fächer, in denen es gut klarkommt, und solche, in denen es weniger gut ist. Ihr Kind muss lernen, sich nicht an den anderen zu orientieren und weiter zu lernen, auch wenn es merkt, dass es in einem Fach nicht zurechtkommt. Gleichzeitig muss es auch lernen, sich nicht in Sicherheit zu wiegen, wenn es in einem Fach gut ist, sondern auch da konsequent zu lernen. Das alles müssen Sie ihm verständlich erklären, jedoch unbedingt, ohne Druck aufzubauen.

Ist Ihr Kind demotiviert, sagen Sie ihm, dass die Schulzeit nur eine sehr begrenzte Zeit seines Lebens in Anspruch nimmt und dass es sich durch dieses notwendige Übel die Zukunft ermöglichen kann, von der es träumt. Der Weg dorthin führt nun einmal über einen Schulabschluss. Je höher dieser ist, desto mehr Freiheit hat Ihr Kind bei der Auswahl der Berufe bzw. Ausbildungs- oder Studiengänge.

In der vierten Klasse sollten Sie schon einmal mit Ihrem Kind über mögliche Berufswünsche sprechen bzw. Ihr Kind über seine Wünsche nachdenken und reden lassen, um seine Motivation für das Lernen auf der weiterführenden Schule zu erhöhen. Falls Ihr Kind noch nicht so weit ist, darüber nachzudenken, drängen Sie es aber in keine Richtung. Indem Sie das Thema (freundlich, interessiert und nicht fordernd) aufgebracht haben, fühlt es sich vielleicht angeregt, darüber selbst nachzudenken.

Im Laufe der weiterführenden Schule ist es dann natürlich unerlässlich, dass Ihr Kind sich über seine Zukunftswünsche klar wird, um zu wissen, welchen Abschluss es machen möchte und wo es sich da-nach bewerben möchte. Sie sollten aber immer nur den Anstoß zum Nachdenken geben und keinen Druck ausüben. Selbst wenn Ihr Kind während seiner Schulzeit keine Perspektive entwickelt, möglicherweise nur den Mittleren Schulabschluss macht und später erkennt, dass es einen Beruf ergreifen möchte, für den Abitur erforderlich ist, ist dies kein Beinbruch.

Es gibt immer noch Möglichkeiten, das Abitur nachzuholen, und es ist besser, spät das Richtige als früh das Falsche zu tun. Sie sollten Ihr Kind aber immer motivieren, sein Bestes zu geben, um beruflich gute Chancen zu haben und somit als Erwachsener genug Zeit und Geld für seine Lieblingsbeschäftigungen zu haben - und zwar sein Leben lang. Und vielleicht wird die Lieblingsbeschäftigung dann ja auch zum Beruf oder der Beruf zur Lieblingsbeschäftigung. So mancher Mensch unter uns hat sich diesen Traum schon verwirklichen können. Damit Ihr Kind den oft steinigen Weg zum glücklichen Leben erfolgreich und unbeschadet gehen kann, sorgen Sie dafür, dass es zum Schulbesuch immer auch Selbstbewusstsein und Humor mit in die Schultasche packt. Machen Sie ruhig auch Scherze über Ihre eigene Schulzeit und sagen Sie Ihrem Kind, dass Sie es verstehen und Tag für Tag mit ihm fühlen.

Von mindestens ebenso hoher Wichtigkeit ist aber der Ausgleich zum stressigen Schulalltag, die innere Stärkung, die den erschöpften Akku wieder auflädt. Das geknickte Pflänzchen, das mittags oder am frühen Nachmittag nachhause kommt, will sich wieder aufrichten, die gestresste Seele will sich erholen und wieder durchatmen, bevor sie das Ganze am nächsten Tag wieder ertragen muss. Und auch, wenn Ihr Kind die Schule mag und dort alles gut läuft, benötigt es trotzdem die Erholung in der Freizeit, denn Lernen ist nun einmal anstrengend und geht am besten, wenn man voll bei Kräften und entspannt ist.

Natürlich müssen nach der Schule gegebenenfalls noch die Hausaufgaben gemacht werden. Das gehört leider auch dazu und wird oft mit mindestens ebenso viel Unwillen aufgenommen wie der Schulbesuch an sich. Schließlich erstreckt sich die Schule damit auch noch in die geliebte, wohlverdiente Freizeit. Auch hier müssen Sie Ihrem Kind verständnisvoll erklären, dass dies leider notwendig ist. Machen Sie ihm aber auch hier keinen Druck, sondern sprechen Sie immer positiv und helfen Sie Ihrem Kind, wenn es mit den Aufgaben nicht zurechtkommt.

Achten Sie außerdem darauf, dass die Hausaufgaben im angemessenen Rahmen liegen, sowohl zeitlich als auch inhaltlich. Die Aufgabenstellungen dürfen kein Kind überfordern und es darf nur ein begrenzter Teil des Nachmittags damit vergehen. Für die Grundschule ist zu Beginn eine halbe Stunde und später eine Stunde als Maximum anzusetzen, auf der weiterführenden Schule dann bis zu zwei Stunden. Wenn Ihr Kind in der betreffenden Zeit nicht mit den Aufgaben fertig wird, stimmt da etwas nicht - jedoch nicht mit Ihrem Kind, sondern mit den Ansprüchen der Lehrer. Fällt Ihnen so etwas auf, sprechen Sie das Thema gegebenenfalls auf dem nächsten Elternabend an. Ihre Kinder haben Freizeit und Erholung nicht nur am Wochenende bitter nötig, dies muss die Schule bzw. müssen die Lehrer verstehen und sich bei der Vergabe der Hausaufgaben auch entsprechend abstimmen. Bewahren Sie aber Ruhe und einen kühlen Kopf, denn wenn Sie sich über die Schule aufregen, überträgt sich das negativ auf Ihr Kind.

Lernen für Tests und Klassenarbeiten kommt natürlich gegebenenfalls leider noch zu den Hausaufgaben hinzu, auch hier achten Sie aber bitte darauf, dass die Zeit im überschaubaren Rahmen bleibt. Besser sollte Ihr Kind zum Beispiel eine Woche lang täglich eine halbe Stunde lernen anstatt an zwei Ta-gen jeweils mehrere Stunden (gar nicht ginge selbstverständlich eine Woche täglich mehrere Stunden). Ansonsten sinken die Motivation und die Konzentration, sodass am Ende viel Zeit verschwendet und Ihr Kind unglücklich wird. An Wochenenden sollte nur im äußersten Notfall gelernt werden oder nur, wenn Ihr Kind das unbedingt möchte.

Seien Sie Ihrem Kind gegenüber verständnisvoll und spannen Sie es neben der Schule auch nicht in viele häusliche Pflichten ein. Es muss und soll zwar auch lernen, im gemeinschaftlichen Zusammenleben die notwendigen Aufgaben mit zu erfüllen, aber nur in zeitlich begrenztem Rahmen. Die Schule ist anstrengend genug. Melden Sie Ihr Kind bitte auch nicht für zusätzliche Aktivitäten in der Freizeit an, wenn Ihr Kind das gar nicht möchte. Freizeitbeschäftigungen müssen Ihrem Kind Spaß machen, es muss Lust darauf haben und sie dürfen es zeitlich nicht überfordern. Ansonsten verursachen sie nur noch mehr Stress.

RICHTIGES HOBBY, RICHTIGE ERHOLUNG

Ihr Kind muss sich seine Freizeitbeschäftigungen selbst aussuchen können, nur dann bringen sie Erholung und Kraft. Aber es sollten natürlich sinnvolle Beschäftigungen sein. Stundenlanges Computerspielen, Fernsehen oder Chatten sind sicher keine sinnvollen Aktivitäten, sollten nicht zur Lieblingsbeschäftigung werden und haben ganz sicher keinen Hobbystatus.

Machen Sie gegebenenfalls Ihr Kind auf interessante und sinnvolle Hobbys aufmerksam und lassen Sie es in diesen gewähren, damit es sich ganz für sich selbst entwickeln kann. Reden Sie Ihrem Kind nicht besserwisserisch herein und drängen Sie es zu nichts. Loben Sie es für die Dinge, die es macht, erschafft und erfindet, und denken Sie auch daran, dass manches, das zunächst wie ein Hobby aussieht, später zum Beruf Ihres Kindes werden könnte. Nehmen Sie alles, was Ihr Kind tut, genauso ernst wie es selbst. Selbstbewusst wird es sich dann weiterentwickeln und ist vollkommen frei, seine eigenen Zukunftsideen zu entwickeln.

So manches Hobby kommt natürlich auch dem Schulerfolg zugute, aber das sollte nicht der Sinn, sondern nur ein positiver Nebeneffekt sein. Der Sinn ist die Selbstverwirklichung und Erholung Ihres Kindes. Stellen Sie daher auch niemals Ansprüche an Ihr Kind bei seinen Hobbys, weder in der Art der Beschäftigung noch im Erfolg. Es tut, was es tun möchte, und zwar auf seine Art und mit so viel Er-folg, wie es selbst haben möchte. Sein Wille allein ist der Maßstab für sein Hobby.

Die Auswahl der Lieblingsbeschäftigungen bzw. Freizeitaktivitäten ist nahezu unbegrenzt. Sicher hat Ihr Kind in der frühen Kindheit schon einige Vorlieben entdecken und ausleben dürfen und schon einige Fähigkeiten darin erworben. Lassen Sie Ihr Kind einfach unbefangen und ohne Stress darin fort-fahren. Wahrscheinlich entwickelt es mit zunehmendem Alter aber auch weitere Interessen bzw. möchte Dinge ausprobieren, von denen es gehört oder gelesen hat. Ermöglichen Sie ihm dies und lassen Sie es frei entscheiden.

Vielleicht ist es Sport bzw. eine bestimmte Sportart. Das ist gut für Körper und Seele. Viele Kinder reiten zum Beispiel gern und lieben Pferde. Die Nähe zu Tieren und der Natur ist immer vorteilhaft, denn sie macht ausgeglichen, zufrieden und selbstbewusst. Sprichwörtlich „mit großen Tieren" umgehen zu können, erhöht das Selbstvertrauen auf jeden Fall und macht für den Schulalltag stark. Schließlich sind die Pferde größer als die Lehrer und mobbende Mitschüler.

Wenn Ihr Kind eine Sportart in einer Gruppe oder einem Verein bevorzugt, trägt dies ebenfalls positiv zu seiner Entwicklung bei. Denn beim Fußball, Handball, Basketball, Hockey, Schwimmen oder einem anderen Mannschaftssport kann es seine eigene Position finden, sein Sozialverhalten trainieren und lernen, sich zu behaupten. Wählt Ihr Kind einen Selbstverteidigungssport, wirkt sich dies besonders gut auf seine innere Stärke aus. Grundsätzlich ist aber jeder Sport gut, wenn Ihr Kind ihn mag und sich darin wohlfühlt - auch wenn es ihn allein ausübt und auch wenn es „nur" Radfahren, Skateboarden oder Tanzen ist.

Nicht jedes Kind mag aber Sport. Manche Kinder sind von Anfang an sehr sozial eingestellt und haben als Lieblingsbeschäftigung, anderen zu helfen. Lassen Sie dies zu und nehmen Sie es ernst, denn erstens ist es ein Teil der Persönlichkeit und zweitens könnte daraus ein Berufswunsch, wie zum Beispiel Krankenpfleger, Sanitäter, Lehrer oder auch Anwalt, entstehen. Vielleicht möchte Ihr Kind schon früh zum Beispiel in der Jugendfeuerwehr, bei den Pfadfindern oder in einem sozialen Projekt „arbeiten", anderen Kindern Nachhilfe geben, Babysitten oder einfach für Verwandte und Nachbarn kleine Hilfe-stellungen im Alltag leisten. Natürlich müssen Sie beachten, ab welchem Alter bzw. Reifegrad Ihr Kind wie viel Verantwortung übernehmen kann und darf. Viele Kinder lieben aber auch die Natur und sind umweltbewusst und tierlieb. Geben Sie Ihrem

Kind ausreichend Möglichkeiten, dies auszuleben, zum Beispiel im eigenen Garten, im Garten der Großeltern oder aber in einer Jugendgruppe eines Umweltschutzvereins. Der Umgang mit der Natur und mit Tieren ist gesund und fördert das Verantwortungs-bewusstsein. Das Verantwortungsgefühl aus seiner Freizeit wird Ihr Kind, gleich, ob es sozial oder naturbewusst eingestellt ist (oder beides), auch in sein übriges Leben übertragen.

Vielleicht beschäftigt Ihr Kind sich aber auch lieber still oder ist kreativ. Viele Kinder lesen gern und schreiben eventuell auch schon selbst etwas. Beides ist wichtig für die Schule und für das Leben und wenn es noch dazu Spaß macht, überträgt sich dieser Spaß auch auf das Lesen und Schreiben in der Schule. Das Wissen, dass Ihr Kind gut lesen und schreiben kann, stärkt zudem sein Selbstbewusstsein im Schulunterricht. Wenn Ihr Kind mehr liest, als Sie kaufen können, gibt es auch gute Leihbücherei-en. Lassen Sie Ihr Kind so viel lesen, wie es möchte, und sagen Sie keinesfalls jemals „Lies lieber deine Schulbücher". Die liest es nicht lieber, davon will es sich ja gerade erholen und in seinen Lieblingsbüchern seine Träume leben, seine Helden und Vorbilder finden.

Manche Bücher liest Ihr Kind vielleicht auch zweimal oder öfter. Werfen Sie unauffällig einen Blick darauf. Ihr Kind scheint sich und seine Lebensträume in diesen Büchern zu finden. Fragen Sie Ihr Kind außerdem, was es gerade liest bzw. gelesen hat. Lassen Sie sich die Geschichten erzählen, von denen es so fasziniert ist. So haben Sie an seinem Leben teil und können seine Wünsche und Träume besser nachvollziehen. Überlegen Sie auch, was Ihrem Kind eventuell im Alltag fehlen könnte, sodass es dies in den Büchern sucht, die es immer wieder liest. Vielleicht haben Sie ja eine Idee, wie Sie Ihrem Kind ein Stück von seiner Traumwelt in die Realität holen können. Teilen Sie immer seine Begeisterung und reden Sie ihm seine Buchhelden niemals klein, sonst zerstören Sie seine Träume und sein Selbstbewusstsein. Vielleicht können Sie nicht nachvollziehen, was man an solchen Geschichten oder Helden finden kann, aber für Ihr Kind sind diese das Größte und daher müssen sie es auch für Sie sein.

Möglicherweise hat Ihr Kind aber auch andere kreative Vorlieben, zum Beispiel malt, bastelt oder baut es gern etwas. Auch hier kommt seine Fantasie voll zum Einsatz und außerdem noch handwerkliches Können. Durch seine Kunstwerke oder handwerklichen Arbeiten kann es sich selbst verwirklichen und sieht immer etwas, das es selbst geschaffen hat. Dies wirkt sich sehr förderlich auf das Selbstbewusstsein aus, da Ihr Kind seine Ideen und sein Tun als fertiges Produkt wahrnimmt. Bewundern Sie seine Werke, loben Sie es ehrlich und ausgiebig und bewahren Sie alles sorgfältig auf.

So kann Ihr Kind sich lange daran erfreuen und zu sich selbst zurückfinden, wenn es in der Schule mal nicht so gut gelaufen ist. Sicher wird der eine oder andere Kunstlehrer Ihres Kindes diese außerschulische Beschäftigung sehr zu schätzen wissen und auch ein Auge auf die besonderen Fähigkeiten Ihres Kindes haben. Es kann sein, dass die Schule dieses Talent sogar fördert, schließlich kann ein kleiner Künstler später auch ein großer Künstler werden.

Wenn Ihr Kind (selbst) diesen Traum hat, träumen Sie ihn mit ihm gemeinsam und sagen Sie ihm nicht, dass es unrealistisch sei. Realistisch ist alles, was man selbst schaffen kann, und die Kombination aus Talent und Selbstbewusstsein ist eine sehr gute Voraussetzung, um das zu erreichen, was man will.

Das Talent bzw. die Lieblingsbeschäftigung Ihres Kindes kann aber auch im musischen Bereich liegen. Vielleicht hört Ihr Kind einfach gern Musik, tanzt dazu oder singt mit - entweder einfach so aus Spaß oder mit dem Ziel, wirklich gut zu singen oder zu tanzen. Auch hierin kann nicht nur ein Hobby, sondern zudem ein Berufswunsch liegen. Gleiches gilt, wenn Ihr Kind ein Instrument spielt.

Hier gilt das soeben zum Thema Kunst Gesagte entsprechend - bewundern, loben, an den Traum glauben, aber keinen Druck ausüben. Bewerten Sie weder die Ergebnisse noch den Musikgeschmack Ihres Kindes abfällig, denn es geht ja um Ihr Kind und nicht um Sie. Wenn Sie nicht so viel Geld haben, um Ihrem Kind das Musikinstrument bzw. die -instrumente seiner Träume zu kaufen, gibt es vielleicht in der Schule die Möglichkeit, dass Ihr Kind dort Zugang zu den Instrumenten bekommt. Falls der Musiklehrer nicht von selbst auf das Talent Ihres Kindes aufmerksam werden sollte, sprechen Sie ihn bzw. die Schule einfach mal darauf an, ob Ihr Kind zum Beispiel in der Musik-AG oder im Schulorchester mit-machen darf. Wenn Ihr Kind ein „Musikerherz" hat, wird es diese Gelegenheit nicht auslassen und da-für gern auch nachmittags in die Schule pilgern.

Für kleine Forscher und Technikbegeisterte gibt es dort vielleicht ebenfalls eine AG. Auch solche Hobbys sind ernst zu nehmen. Hierzu gehören auch Computertechnik und Programmieren, denn dies sind im Gegensatz zum „Zocken" anspruchsvolle und kreative Tätigkeiten. Es gibt noch etliche weitere Möglichkeiten, wie Ihr Kind sich in seiner Freizeit sinnvoll und stärkend beschäftigen kann - was für Ihr Kind das Richtige ist, weiß einzig und allein Ihr Kind selbst. Natürlich kann es auch mehrere Lieblingsbeschäftigungen bzw. Hobbys haben. Indem Sie es seine Fähigkeiten und Interessen in seiner frühen Kindheit haben ausleben lassen, weiß es mehr oder weniger genau, was es gern tun möchte. Fragen Sie es einfach, falls es nicht ohnehin von selbst auf Sie zukommt.

Wenn Ihr Kind nicht so recht weiß, was für ein Hobby es ausüben möchte, setzen Sie sich mit ihm gemeinsam hin und machen ein Brainstorming. Jeder sagt erst mal alle Hobbys, die ihm einfallen, und Sie oder Ihr Kind schreiben diese auf einen Zettel. Lassen Sie Ihr Kind anschließend in Ruhe nach-denken, was davon es interessant findet. Einiges wird es sicher gleich ausschließen, anderes vielleicht spontan gut finden. Es muss sich aber nicht sofort entscheiden.

Lassen Sie es den Zettel mit in sein Zimmer nehmen und darüber so lange nachdenken, wie es möchte. Vielleicht fallen ihm dann auch noch mehr Beschäftigungen ein. Sagen Sie Ihrem Kind zuvor, dass es seine Favoriten in einer besonderen Farbe markieren soll und die Aktivitäten, die es auch in Erwägung zieht, einfach ankreuzt oder in einer anderen Farbe markiert. Alles, was nicht infrage kommt, sollte es durchstreichen.

Nachdem Ihr Kind in sich gegangen ist und seine möglichen Lieblingsbeschäftigungen auserkoren hat, kommt der Moment des Ausprobierens. Hat es mehrere Favoriten, kann es natürlich frei wählen, was es zuerst ausprobieren möchte. Reden Sie ihm in keinem Fall rein, lassen Sie es einfach selbst testen und beschließen, was zu seinem Hobby bzw. seinen Hobbys wird. Natürlich müssen Sie ein wenig an seine Vernunft appellieren, dass es nun nicht seine gesamte Energie auf die Frage verwendet, welche Freizeitaktivitäten es machen möchte, denn die Schule darf ja auch nicht zu kurz kommen. Erklären Sie Ihrem Kind das vernünftig.

Achten Sie immer darauf, dass das Hobby bzw. die Hobbys etwas Positives bleiben. Das heißt: Drän-gen Sie Ihr Kind nicht dazu, stören Sie es nicht dabei, verbieten Sie ihm nicht diese Beschäftigungen und setzen Sie sie keinesfalls jemals als Erpressungsmethode ein („Wenn du deine Hausaufgaben nicht machst, darfst du nicht zum Fußballtraining"). Passen Sie außerdem auf, dass Ihr Kind nach der Schule genügend Zeit hat, um seinen Hobbys nachzugehen, denn ansonsten kann die Lieblingsbeschäftigung leicht zu Stress werden oder aber Ihr Kind ist frustriert, wenn es überhaupt keine Zeit dafür hat. Ganz gleich, ob Ihr Kind sein Hobby noch sucht oder es schon gefunden hat und ob dieses nur dem Spaß dient oder schon etwas mehr als ein Hobby ist, Ihr Kind benötigt dafür Zeit und Freiraum. Auch, wenn Ihr Kind nach der Schule mal zu k.o. ist, um noch zu seinem Hobby zu gehen bzw. dies auszuüben, müssen Sie dies akzeptieren. Achten Sie aber darauf, dass dies nicht zum Regelfall wird.

Wenn Ihr Kind entmutigt, verzweifelt und traurig herumsitzt und Löcher in die Luft starrt, ist das nicht in Ordnung. Dann müssen Sie motivierend einschreiten, um zu verhindern, dass Ihr Kind sich in ein psychisches Tief hineinsteigert. Heitern Sie es in so einem Fall auf und erinnern Sie es an die Beschäftigungen, die es gern ausübt oder früher ausgeübt hat. Sicher wird es dann gar nicht mehr so lange untätig herumsitzen wollen. Wenn Ihr Kind jeglichen Antrieb verloren hat, beginnen Sie einfach in seinem Beisein mit etwas, von dem Sie wissen oder vermuten, dass Ihr Kind dies interessant findet. Unternehmen Sie mit Ihrem Kind zusammen einen Wiedereinstieg in eine erfüllende und stressabbauende Freizeit. Sie werden sehen: Bald wird Ihr Kind wieder von selbst aktiv werden, denn jeder Mensch hat im Inneren den Drang nach Selbstverwirklichung.

Selbstständigkeit entwickeln & Herausforderungen meistern

Die Kindheit ist nicht nur an sich eine Herausforderung, sondern auch eine Vorbereitung auf das Erwachsenenleben. Mit zunehmendem Alter muss Ihr Kind immer mehr lernen, selbstständige Entscheidungen zu treffen, für sich selbst und andere Verantwortung zu übernehmen und mit allem, was das Leben so „zu bieten“ hat, möglichst gut zurechtzukommen.

SPIELERISCH DIE ENTWICKLUNG FÖRDERN

Spielen ist nicht einfach nur ein Zeitvertreib, der Spaß macht, sondern ein wichtiger Teil der kindlichen Entwicklung. Beim Spielen lernt Ihr Kind ganz ohne Erfolgsdruck in entspannter Atmosphäre. Es schult zum Beispiel seine körperlichen Fertigkeiten, indem es etwas baut oder bastelt, und entwickelt seine geistigen Fähigkeiten durch Gesellschaftsspiele, bei denen es logisch denken und sich konzentrieren muss. Es fördert seine Sportlichkeit beim Herumtoben, erweitert seine kreativen Fähigkeiten, indem es eigene Lösungen sucht, und steigert seine sozialen Kompetenzen im Zusammenspiel mit anderen. Zudem lernt Ihr Kind beim Spielen, dass es nicht immer nur Glück und Erfolg haben kann. Selbstbewusst verlieren zu können, ist ein wichtiger Teil des Heranwachsens zu einem rundum selbst-bewussten Menschen.

Hier soll nicht von Computerspielen die Rede sein, sondern vom klassischen Spielen, wie Sie es be-stimmt (hoffentlich) noch aus Ihrer eigenen Kindheit kennen. In die Diskussion, ob manche Computerspiele die Entwicklung von Kindern positiv vorantreiben, möchte ich hier nicht einsteigen – wenn ein Kind auf einen Bildschirm starrt und Tastenkombinationen drückt, um in vorgegebenen Mustern „eigene“ Lösungen zu entwickeln, halte ich persönlich den Wert allerdings für gering. Dass „Ballerspiele“ nicht gut für die kindliche Entwicklung (oder überhaupt für Geist und Psyche jedes Menschen) sind, steht wohl außer Frage. Zurück also zu den „richtigen“, wertvollen Spielen.

Wichtig ist nicht nur das Spielen mit Gleichaltrigen, sondern auch mit Eltern, Großeltern, Geschwistern, anderen Verwandten und Freunden der Familie. Auch das Spielen allein fördert die Entwicklung, denn hierbei kann das Kind ganz für sich selbst kreativ sein, Neues ausprobieren und eigene Denkansätze entwickeln.

Geben Sie Ihrem Kind für alles genügend Gelegenheiten. Beim gemeinsamen Spielen achten Sie darauf, es ebenfalls gewähren zu lassen, denn das selbstständige Denken und Ausprobieren ist entscheidend für seine Fortschritte und sein Selbstbewusstsein. Beim gemeinsamen Spiel schaut Ihr Kind den anderen zu, wie sie etwas machen, muss jedoch die Möglichkeit haben, es selbstständig nachzumachen oder auch anders zu machen. Bei einem Spiel mit Regeln müssen Sie Ihrem Kind natürlich vorab verständlich erklären, was auf welche Art zu tun ist. Lassen Sie dies aber nicht belehrend klingen und erwarten Sie nicht, dass Ihr Kind gleich alles richtig macht. Vor allem soll das Spielen ja Spaß bringen und den Zusammenhalt fördern.

Besonders wichtig ist darüber hinaus das Gewinnen und Verlieren. Spielen Sie mit Ihrem Kind keine Spiele, die es überfordern und bei denen insofern die Gewinnchancen gering sind. Auf keinen Fall dürfen Sie Ihr Kind mit Absicht gewinnen lassen. Es merkt das schnell und fühlt sich beschämt und für sein Können nicht respektiert. Kinder gewinnen gern wirklich und ehrlich ohne Schummeln und spezielle Vorteile. Sicher können Sie das nachvollziehen - wie würden Sie sich fühlen, wenn Sie nicht für voll genommen werden würden und man Sie aus Mitleid und Gönnerhaftigkeit gewinnen lassen würde? Sie sehen, Ihr Kind absichtlich gewinnen zu lassen, ist gar keine gute Idee. Sagen Sie das auch allen Erwachsenen und älteren Kindern, mit denen Ihr Kind spielt. Unechtes Gewinnen fördert die Entwicklung Ihres Kindes in keinster Weise und ist darüber hinaus eine herabsetzende Erfahrung. Leider wird dieser Fehler aber allzu oft gemacht. Ihr Kind soll im Spiel seine Fähigkeiten und Kräfte erproben und durch echte Erfolge das eigene Selbstbewusstsein wachsen lassen. Nur dann kann es lernen, dass es selbst etwas erreichen kann.

Genauso wichtig sind aber die Niederlagen, denn auch Verlieren gehört zum Leben dazu. Das Spielen, insbesondere von Gesellschafts- und Sportspielen, ist eine gute Möglichkeit, Ihr Kind auf das „wahre Leben“ vorzubereiten. Es wird im Laufe seines Heranwachsens und Erwachsenenlebens viele Situationen erleben, in denen es Misserfolge einstecken muss und andere auf der Gewinnerspur an ihm vor-beiziehen. Selbstbewusstsein schützt nicht vor Rückschlägen und Krisen, aber es bewirkt, dass man gut mit ihnen umgehen kann, sich nicht unterkriegen lässt und mit erhobenem Kopf weitermacht. Die-se Fähigkeit gehört zu den allerwichtigsten. Lernt Ihr Kind nicht, mit Niederlagen und Schwierigkeiten umzugehen, hat es kaum eine Chance, im späteren schulischen, privaten und beruflichen Leben zu be-stehen.

Ihr Kind muss verstehen, dass eine Niederlage nichts Schlimmes ist, solange man sie nicht als etwas Schlimmes betrachtet. Ein Spiel wird verloren, das nächste gewonnen. Vielleicht kommen auch mal ein paar Niederlagen nacheinander. Aber in jedem Spiel gibt es eine neue Chance, zu gewinnen. Alles ist wieder offen. Die Vergangenheit sagt nichts über die Zukunft aus. Eine Niederlage bedeutet nicht, dass man in der Zukunft nicht gewinnen kann. Im Spiel heißt das: Neue Runde, neues Glück. Im „wahren Leben" bedeutet es: Durchatmen, Schultern straffen und weiter den Weg gehen, den man für sich am besten hält. Wenn dieser Weg durch die Niederlage (im Moment) versperrt ist, geht es trotzdem weiter - nur auf einem Umweg. Mit anderen Worten: Wenn etwas nicht so läuft wie geplant, muss man eine Lösung finden, um das Beste aus der Situation zu machen und trotzdem seine Ziele zu erreichen. Der Grundstein für dieses Denken wird zum einen beim Lernen von alltäglichen Dingen gelegt und entsteht zum anderen im Spiel.

Was aber können Sie mit Ihrem Kind am besten spielen? Immer gut für jede Altersklasse ist das gute, alte „Mensch-ärgere-dich-nicht"-Spiel. Hier kommt es vor allem auf Glück an, aber auch auf geschickte Planung. Innerhalb des Spiels muss man ja bekanntlich Rückschläge verkraften, kann aber trotzdem noch gewinnen. Dieses Spiel ist dem wahren Leben sehr ähnlich - manchmal wird man von jemand anderem „rausgekickt" und muss in einem Teil seines Lebens (mit einer Spielfigur) von Neuem beginnen, aber man kann immer noch die anderen überrunden und gewinnen.

Sehr gut ist auch ein Memory-Spiel, das es für alle Altersklassen gibt. Hierbei werden die Konzentrationsfähigkeit, die Aufmerksamkeit und das bildhafte

Gedächtnis trainiert. Neben dem beliebten Original gibt es inzwischen auch verschiedene andere Arten des Spiels, die speziell für Kinder und gut zum Lernen geeignet sind. Jeder kennt Memory und jeder, der aufmerksam ist, kann gewinnen. Das hat nicht unbedingt etwas mit dem Alter zu tun. Manchmal sind Kinder, die aufmerksam sind, dabei sogar besser als ihre Eltern, denn diese sind mit ihren Gedanken oftmals ganz woanders unterwegs, anstatt sich auf die Sache zu konzentrieren.

Falls Ihr Kind oftmals auch schon nicht ganz bei der Sache ist, wird es dies beim Memory lernen - denn gewinnen will ja schließlich jeder. Das Spiel ist insofern auch eine gute Vorbereitung auf die Schule und die Ausbildung, denn dort sind Konzentration und Aufmerksamkeit die Grundvoraussetzungen für das Weiterkommen. Gut ist ebenfalls, dass Ihr Kind bei diesem Spiel durch sein eigenes Können und nicht einfach durch Glück gewinnen kann. Ganz wichtig ist gerade deshalb, dass Sie sich nicht absichtlich dumm anstellen, denn dann würde Ihr Kind sich falsch einschätzen. Wenn es noch nicht so gut in dem Spiel ist, sieht es beim Verlieren, dass es sich noch besser konzentrieren muss. Bei unechtem Gewinnen würde es trotz mangelnder Aufmerksamkeit denken, dass es alles richtig gemacht hat, und sich auch in anderen Lebensbereichen nicht so gut konzentrieren. Möglich ist aber auch, dass Ihr Kind Sie durchschaut, wie oben beschrieben, oder dass es Sie tatsächlich für dumm hält. Auch dies wäre nicht förderlich, da es Sie dann womöglich nicht mehr ernst nehmen würde.

Spielen Sie vorbildlich und ehrlich, nur dann profitiert Ihr Kind wirklich davon. Seien Sie auch ein guter Verlierer - Sie sind schließlich für Ihr Kind das Hauptvorbild. Wenn Sie ehrlich verlieren, seien Sie deswegen nicht verärgert oder beleidigt, denn auch Ihr Kind soll schließlich nicht so reagieren. Versuchen Sie außerdem nicht, verbissen oder gar auf betrügerische Art zu gewinnen. Dies sind ebenfalls Verhaltensweisen, die Ihr Kind nicht entwickeln sollte und die Sie ihm daher nicht vormachen dürfen.

Weitere gute Spiele zum Üben von Merkfähigkeit, Geschicklichkeit, Glück und insofern Selbstbewusstsein sind die klassischen Karten- und Quartettspiele, Domino, Mikado und später auch Schach, Dame, Mühle und Halma. Es gibt außerdem Gesellschaftsspiele, die Ihr Kind das richtige Sozialverhalten und den verantwortungsvollen Umgang mit der Natur erlernen lassen, sowie solche, die spielerisch eine Menge Wissen und die eigenen Fähigkeiten trainieren, sodass diese eingespeichert und jeder-zeit abrufbar werden. Gehen Sie einfach mal mit Ihrem Kind zusammen in ein Spielwarengeschäft und schauen Sie sich um.

Das waren bisher aber alles nur Spiele, die im Sitzen und meist drin gespielt werden. Spaß haben und lernen kann man aber auch draußen und in Bewegung - hiermit tun Sie Ihrem Kind und sich selbst auch noch gesundheitlich etwas Gutes. Also gehen Sie, wenn das Wetter es zulässt, mit Ihrem Kind bzw. Ihren Kindern ins Freie und toben Sie sich aus. Bei Sport- und Bewegungsspielen ist Ihr Kind vielleicht sogar gleich besser als Sie oder jedenfalls auf Augenhöhe.

Wenn Sie ein kleines Kind haben, gehen Sie mit ihm auch öfter zusammen auf den Kinderspielplatz. Ihr Kind muss nicht allein oder nur mit gleichaltrigen Kindern dort spielen, sondern auch Sie können bei dieser Gelegenheit wieder ein Kind sein. Das wird auch Ihnen guttun, um vom Alltagsstress ein wenig abzuschalten. Gehen Sie mit Ihrem Kind in die Sandkiste, auf die Schaukel oder auf die Rutsche.

Ihr Kind wird Spaß haben und sich freuen, dass Sie das alles gemeinsam mit ihm erleben. Hoffentlich verträgt Ihr Selbstbewusstsein den einen oder anderen Lacher Ihres Kindes, wenn Sie sich auf den Spielgeräten ungelenk anstellen. Ihr Kind wird wahrscheinlich schneller lernen als Sie und sich an seinen kleinen Erfolgen freuen. Es fühlt sich dabei groß, denn auf dem Spielplatz sind Groß und Klein wieder gleich. Ist Ihr Kind für den normalen Kinderspielplatz zu alt bzw. findet es diesen zu langweilig, gehen Sie stattdessen auf einen Abenteuerspielplatz - hier wird sich Ihnen sicher auch die eine oder andere Herausforderung stellen.

Für Kinder jeder Altersstufe und auch für ihre Eltern sind Sportspiele bestens geeignet. Das fängt beim Wettlaufen, Hüpfen, Seilspringen, Hula-Hoop und Trampolinspringen an und geht weiter über Feder-ball, Tischtennis, Basketball, Tennis, Fußball und diverses mehr bis hin zu saisonalen Spielen, wie zum Beispiel Schneeballwerfen, Rodeln, Eislaufen, Drachensteigen (und vorher selbst bauen), Beachball und Wasserball. Dabei kommt es nicht auf Regeln an, sondern auf den Spaß und einfach darauf, den Ball zu schießen oder zu werfen bzw. den

Körper in Bewegung zu bringen. Denken Sie sich auch immer neue interessante Spiele aus, die Sie mit Ihrem Kind bzw. Ihren Kindern spielen können. Tun Sie dies gemeinsam als Familie, denn erstens geht es ja um Ihr Kind und zweitens sind Kinder oft kreativer als Erwachsene. Sie können auch Ihr Kind ganz allein ein Spiel erfinden lassen, das es Ihnen dann erklärt und mit Ihnen spielt.

Falls Sie nicht so gut in den Spielen sind (was durchaus wahrscheinlich ist), stehen Sie dazu und lernen von Ihrem Kind. So zeigen Sie ihm, dass es nicht schlimm ist, nicht perfekt zu sein, und dass man ehrlich zugeben sollte, wenn man etwas nicht so gut kann. Außerdem sieht es, dass es nie zu spät zum Lernen von etwas Neuem ist und dass man trotz Niederlagen selbstbewusst sein kann.

Für die Verschnaufpausen gibt es die Konzentrations- und Gedächtnisspiele „Ich packe meinen Koffer“ und „Ich sehe was, was du nicht siehst“, für die Sie und Ihr(e) Kind(er) nichts außer Ihre Köpfe brauchen. Als etwas größere Herausforderung können Sie gleichzeitig ein Sportspiel und eines dieser Konzentrations- und Gedächtnisspiele spielen. Um Ihrem Kind das Lernen für die Schule zu versüßen, bietet es sich bei einigen Aufgaben, wie zum Beispiel dem Abfragen von Vokabeln oder dem Einmal-eins, auch an, dies mit einem Sportspiel zu verbinden.

Draußen kann man spielerisch auch noch am Umweltbewusstsein und Allgemeinwissen arbeiten. Zum Beispiel können Sie mit Ihrem Kind Tierstimmen oder die Namen von Tieren und Pflanzen, die Sie sehen, erraten. Wenn sich keiner sicher ist, um welches Tier oder welche Pflanze es sich handelt, können alle einen Tipp abgeben und später schauen Sie dann in einem Buch nach, was es war. So wird Ihr Kind sein Wissen über die Natur erweitern (das ist auch gut für die Schule) und mit Glück und Ver-stand wieder einmal Recht haben. Wenn nicht, erklären Sie Ihrem Kind, dass man auch dazu stehen kann und muss, wenn man sich geirrt hat. Sicher hat Ihr Kind ganz viele Möglichkeiten, im Spiel zu gewinnen. Aber sagen Sie ihm auch, dass es damit nicht anderen gegenüber angeben darf und sich nicht darauf ausruhen soll. Zeigen Sie Ihrem Kind, dass es bei Erfolgen immer fair und bescheiden bleibt.

Motivieren Sie es zu immer neuen Spielen in verschiedenen „Disziplinen“ und steigern Sie die Anforderungen parallel zum Älterwerden Ihres Kindes und der Entwicklung seiner Fähigkeiten. Es muss spielerisch lernen, dass es bei der Entwicklung und auf seinem Weg durchs Leben keinen Stillstand geben darf. Kluge und sportliche Spiele, die Spaß machen, sind für die Entwicklung Ihres Kindes und den Aufbau eines starken Selbstbewusstseins für das ganze spätere Leben überaus wichtig und hilf-reich.

Das Leben ist zwar eigentlich kein Spiel, aber in der Kindheit entwickelt man seine Strategien für das spätere Leben nun einmal im Spiel. Ein Mensch, der in seiner Kindheit ausreichend und richtig gespielt hat, sich mit anderen messen durfte, gelernt hat, Niederlagen fair einzustecken und ebenso fair zu gewinnen, hat später im Leben immer einen Plan in jeder Situation und wird auch schwierige Lebenslagen erfolgreich meistern (und daran natürlich noch weiter wachsen). Ein solcher Mensch wird auch für andere, die nicht so selbstsicher sind, gern mit die Verantwortung übernehmen, hilfsbereit und fair sein.

DIE MOTIVATION STEIGERN

Ganz gleich, worum es im Leben geht - um etwas zu tun, braucht man immer Motivation. Sie hilft beim Lernen, beim Weiterentwickeln der eigenen Fähigkeiten, beim Verfolgen von Zielen und dabei, trotz Schwierigkeiten weiterzumachen und sich nicht unterkriegen zu lassen.

Auch, um einfach nur aus dem Bett aufzustehen und irgendetwas zu tun, ist bereits Motivation erforderlich. Am problematischsten ist das Thema Motivation natürlich, wenn Ihr Kind etwas machen muss, wozu es überhaupt keine Lust hat (wie zum Beispiel die Hausaufgaben), oder wenn es einen Rückschlag erlebt hat oder gemobbt wird. Dann muss die Motivation meist erst wieder aufgebaut werden. In gewissem Maße vorbeugen und Ihr Kind darüber hinaus grundsätzlich zu einem aktiven, lebensfrohen und lernfreudigen Menschen machen können Sie aber, indem Sie von vornherein die richtigen Strategien anwenden.

Das Wichtigste gleich vorweg: Auf keinen Fall dürfen Sie Zwang, Druck, Erpressung oder Bestrafungen einsetzen. Hierbei handelt es sich um keine Motivation, sondern um eine Herabsetzung, die Ihrem Kind erheblichen Stress verursacht und sein Selbstwertgefühl auf ein Minimum schrumpfen lässt. Mitunter bewirken Sie damit ohnehin nicht das, was Sie erreichen wollen, da Ihr Kind möglicherweise erst recht das erwünschte Verhalten verweigert und mit starken Gefühlsausbrüchen reagiert. Wenn es sich diesen „Erziehungsmethoden" beugt, dann unter Kummer und dem Gefühl, nicht von Ihnen verstanden zu werden. Sein Vertrauen in Sie wird dadurch tief erschüttert.

Indem Sie Ihr Kind motivieren, leiten Sie es auf positive Art zum Ziel und stärken das gute familiäre Band. Mit „Ziel" ist aber natürlich nicht Ihr Ziel gemeint, sondern das, was für Ihr Kind selbst richtig und wichtig ist. Dazu gehören manchmal natürlich auch leider Dinge, die es eigentlich nicht tun möchte, wie eben zum Beispiel die Schule. In anderen Fällen möchte das Kind zwar eigentlich schon die Sache tun, aber kann sich vielleicht nicht so richtig „hochreißen", da es noch nicht genug Selbstvertrauen hat, zuvor einen Misserfolg erlebt hat oder die Tätigkeit schwierig oder zeitaufwändig ist.

Man unterscheidet die Motivation, die von innen heraus kommt (intrinsische Motivation), und die von außen kommende (extrinsische) Motivation. Letztere ist eine positive Bestärkung durch äußere Faktoren, wie zum Beispiel Ihr Lob, eine Belohnung, das Gefühl von Anerkennung, die Aussicht auf einen Erfolg oder das Erreichen eines bestimmten Ziels. Die intrinsische Motivation geschieht aus eigenem Antrieb, zum Beispiel durch Spaß an der Tätigkeit, das Ausleben der eigenen Talente, den Willen zum Lernen, den Stolz auf das eigene Können oder die Freude daran, sich selbst gesetzte Ziele zu verfolgen. Bei Tätigkeiten, die der eigenen Persönlichkeit entsprechen, ist grundsätzlich eine hohe intrinsische Motivation vorhanden. Der Wille zum Lernen soll sogar von Geburt an in jedem Menschen verankert sein, sodass eigentlich auch eine innere Motivation zum schulischen Lernen vorhanden sein müsste. Diese wird allerdings häufig unter einem Berg von negativen Gefühlen und leider oftmals uninteressant gestaltetem Unterricht begraben. Auch bei Misserfolgen in eigenen Hobbys oder alltäglichem Lernen wird dieser Wille durch die unguten Eindrücke verdrängt. In jedem Fall können andere Faktoren aber helfen, ihn zu reaktivieren.

Idealerweise sollte die intrinsische Motivation aber immer überwiegen, denn Ihr Kind sollte wissen, dass es für sich selbst und nicht für andere

Menschen bzw. äußere Dinge lernt. Das heißt natürlich nicht, dass Sie Ihr Kind nicht loben sollen oder es nicht das Gefühl haben sollte, anerkannt zu werden und ein bestimmtes Ziel erreichen zu können - dies ist auf jeden Fall sehr wichtig. Aber es heißt, dass der Antrieb zu der Handlung nicht davon abhängen soll. Die äußeren Faktoren sollten zusätzlich verstärken, aber für die Motivation nicht das Entscheidende sein. Ganz einfach deshalb: Ihr Kind wird nicht immer in seinem Leben Lob bekommen oder Erfolg haben, geschweige denn eine Belohnung er-halten. Wenn es sich angewöhnt, nur dafür etwas zu tun, gerät es später in große Schwierigkeiten, da es nicht weiß, wie es sich selbst zu etwas antreiben kann.

Zur intrinsischen Motivation trägt es entscheidend bei, wenn Ihr Kind in irgendeiner Form Spaß bei der Tätigkeit hat. Schulisches Lernen macht in der Regel wenig Spaß, selbst, wenn das Fach an sich sogar interessant für Ihr Kind ist und seinen Fähigkeiten entspricht. Die Materialien sind meist einfach zu eintönig, Aufgaben sind zu leicht oder zu schwer und Auswendiglernen nervt sowieso. Das kennen wir alle noch aus unserer eigenen Schulzeit und wird sich wohl auch nie ändern. Hinzu kommt, dass Ihr Kind schon den halben Tag in der Schule verbracht hat, wenn es nachhause kommt und Hausauf-gaben machen sowie eventuell noch für eine Klassenarbeit lernen muss. Noch mehr Zeit vergeht also, die es lieber nutzen würde, um etwas zu tun, das ihm wirklich Spaß macht und das es für sinnvoll hält (sein Hobby zum Beispiel).

Gestalten Sie ihm das Lernen und die Hausaufgaben daher so angenehm wie möglich. Wenn Ihr Kind gern Musik hört, lassen Sie es bei den Schulaufgaben seine Lieblingssongs hören. Wenn draußen schönes Wetter ist und Ihr Kind gern an der frischen Luft ist, spricht nichts dagegen, wenn es im Garten lernt. Auch mit Freunden zusammen kann es lernen und die Hausaufgaben machen. Oder mit Ihnen zusammen und Sie denken sich etwas aus, um das Ganze aufzulockern und lustig zu gestalten.

Denken Sie sich zu den Inhalten zum Beispiel lustige Anekdoten aus oder verpacken Sie sie in ein Spiel. Lassen Sie Ihr Kind die Aufgaben machen, wo und wie es will. Auch die Zeiten dafür sollte es sich selbst aus-suchen dürfen, und auch, ob es zwischendurch immer wieder Pausen macht. Erklären Sie ihm nur (sachlich, verständnisvoll und ruhig), dass und warum es die Aufgaben spätestens an dem Tag erledigen muss, bevor es sie in der Schule vorzeigen muss, und dass es rechtzeitig vor Arbeiten und Tests anfangen muss, regelmäßig zu lernen. Dies trägt ebenfalls zur Motivation bei (dann allerdings extrinsisch), da es dann weiß, dass dies nötig ist, um eine gute bzw. keine schlechte Note zu bekommen und sich somit zu ermöglichen, einen Abschluss zu machen, mit dem es den Beruf seiner Wahl ergreifen kann. Auf das Thema schulisches Lernen komme ich aber unter „Herausforderung Schule" noch ausführlicher zurück.

Jetzt soll es erst einmal um die grundsätzliche Motivationshaltung und um das Lernen in verschiedenen Situationen gehen. Auch hier gilt, dass Ihr Kind sich immer gut fühlen sollte. Tragen Sie zu einer lockeren Atmosphäre in allen Situationen bei, indem Sie keine Ansprüche stellen, sich mit Ihrem Kind für seine Erfolge freuen, Verständnis bei Schwierigkeiten zeigen und selbst nicht perfekt sind. Auch Humor sollte immer mit dabei sein. Lassen Sie Ihr Kind immer selbstständig an neue Aufgaben heran-gehen, denn dies ist wichtig, damit es lernt, eigene Strategien zu entwickeln und selbstständig zu denken und zu handeln. Bringen Sie es mit neuen Situationen in Kontakt, aber warten Sie dann ab, wie es sich selbst verhält. Wenn Sie etwas machen und Ihr Kind Sie dabei mit großen Augen anschaut oder wenn es in einer neuen Situation zurückhaltend ist, ermutigen Sie es jedoch: „Na, willst du das mal versuchen?", „Was meinst du, was kann man damit machen?", „Wie würdest du das lösen?"

Achten Sie darauf, Ihr Kind weder zu unter- noch zu überfordern - Unterforderung ist sogar noch schlimmer als Überforderung. Wenn Ihr Kind nicht mit einer Aufgabe klarkommt, mischen Sie sich dennoch nicht ein. Ihr Kind soll selbst entscheiden, wie es sie löst oder ob es sie gegebenenfalls nicht löst. Bewerten Sie seine vergeblichen Versuche nicht negativ, denn sie sind sein Weg, um die Aufgabe zu lösen. „Learning by doing" eben.

Manchmal muss man etwas zehn- oder auch hundertmal falsch machen, um herauszufinden, wie es richtig geht. Natürlich müssen Sie darauf achten, dass Ihr Kind nicht sich oder andere in Gefahr bringt. In ungefährlichen Situationen ist es jedoch sehr wichtig, dass Ihr Kind von klein auf lernt, selbstständig an neue Aufgaben heranzugehen und eigene Lösungen zu finden, denn zum einen benötigt es diese Fähigkeit im späteren Leben und zum anderen wird dadurch die innere Motivation gefördert. Ihr Kind sammelt auf diese Art nämlich positive Erfahrungen mit dem eigenen Denken und Handeln, sodass sein Glaube an die eigenen Fähigkeiten wächst und es insofern mehr Freude daran hat, weitere neue Dinge zu lernen. Geben Sie Ihrem Kind so viel Zeit, wie es braucht, auch wenn es Ihrer Meinung nach hinter der normalen Entwicklung zurück ist. Manche Menschen sind langsamer, andere schneller, aber alle kommen ans Ziel, wenn man sie ihren eigenen Weg gehen lässt. Sagen Sie auf keinen

Fall jemals etwas wie, „Lass das, das kannst du noch nicht.“ So etwas zerstört jegliche Motivation und jegliches Selbstwertgefühl im Keim. Wenn Ihr Kind etwas lernen möchte, akzeptieren Sie dies. Dann ist es wohl der richtige Zeitpunkt dafür. Und wenn es doch noch zu schwierig ist, wird Ihr Kind dies von selbst merken. Ihr Kind wird Sie aber auch um Hilfe oder Erklärungen bitten. Sie müssen dann einschätzen, ob es selbst in der Lage ist, die Aufgabe zu lösen, oder ob es wirklich Ihre Hilfe benötigt. Im ersten Fall sagen Sie: „Das kannst du auch allein, versuch' es einfach weiter!“. Im zweiten Fall erklären Sie, wie man die be-treffende Sache ausführt, oder Sie machen es vor. Keinesfalls dürfen Sie dabei belehrend wirken bzw. so, als ob Sie denken, dass Ihr Kind es nicht verstehen würde.

Wenn Ihr Kind etwas machen möchte, das es aus körperlichen Gründen tatsächlich noch nicht kann oder das es aus Sicherheitsgründen noch nicht tun darf bzw. sollte, erklären Sie ihm, dass man dies erst tun kann, wenn man ein bestimmtes Alter oder eine bestimmte Körpergröße hat. Achten Sie auf eine allgemeine Formulierung, damit Ihr Kind sich nicht persönlich angegriffen oder missachtet fühlt. Geben Sie ihm außerdem möglichst eine Hilfstätigkeit, während Sie die betreffende Tätigkeit verrichten, oder lassen Sie Ihr Kind gespielt „ mit anpacken“ (zum Beispiel, indem es mit am Staubsaugergriff an-fassen darf, aber ihn nicht selbst schiebt).

Beziehen Sie Ihr Kind mit in Ihr Leben und die häuslichen Arbeiten ein und lassen Sie sich ebenso in sein Leben einbeziehen. Zeigen Sie Ihrem Kind, dass Sie wissen, dass es existiert und wertvoll ist, und geben Sie ihm das Gefühl, dazuzugehören und anerkannt zu werden. Es wird dann automatisch mehr Motivation haben, sich weiterzuentwickeln und sich an gemeinsamen Aufgaben zu beteiligen, und es wird an eigene Aufgaben mit mehr Selbstvertrauen herangehen. Geben Sie Ihrem Kind insbesondere die Gelegenheit, das zu machen, was ihm wirklich Spaß bringt. Denn dazu ist es ohnehin motiviert und wenn es sich hierin selbst ausprobieren kann und seine Erfolge sieht, überträgt sich diese positive Haltung auf sein gesamtes Leben. Bei alldem denken Sie aber immer auch daran, Ihr Kind zu loben, wenn es etwas gut macht.

AUF EIGENEN BEINEN STEHEN & VERANTWORTUNG ÜBERNEHMEN

Die Entwicklung zu einem selbstständigen Menschen sollte schon im Kleinkindalter beginnen - natürlich immer dem Reifegrad angemessen. Doch auch ein Baby kann schon Entscheidungen treffen, zum Beispiel, was es anziehen oder womit es spielen möchte. Nehmen Sie Ihr Kleinkind mit zum Einkaufen und lassen Sie es selbst beispielsweise seine Kleidung aussuchen oder die Farbe für sein Zimmer wählen. Es muss dafür noch nicht mal sprechen können, es braucht nur darauf zu zeigen oder danach zu greifen. Nur dann können Sie sicher sein, dass Ihr Kind sich wirklich mit bzw. in den Sachen wohl-fühlt (oder möchten Sie, dass jemand anderes Sie einkleidet?), und Sie stärken von Anfang an auf sehr einfache Art seine Entscheidungsfähigkeit.

Mit zunehmendem Entwicklungsstand sollten Sie Ihrem Kind zudem Aufgaben in Haus und Garten geben. Natürlich sollen es nur kleine Hilfstätigkeiten sein, schließlich soll Ihr Kind ja seine Kindheit genießen und nicht Ihr Diener sein. Bei Geschwistern müssen Sie darauf achten, dass Sie die Aufgaben fair verteilen. Bei den Aufgaben sollte es sich zum einen um regelmäßige Pflichten handeln, wie zum Beispiel an einem bestimmten Tag den Tisch zu decken, die Wäsche aufzuhängen oder die Papiermüll-tonne an die Straße zu schieben. So lernt Ihr Kind an Kleinigkeiten, was es heißt, Verantwortung zu tragen. Zudem trainieren Sie sein Verantwortungsgefühl und sein Selbstbewusstsein, indem Sie es hin und wieder spontan um Hilfe bitten („Könntest du bitte mal eben...?"). Ältere Geschwister lernen Verantwortung darüber hinaus, indem sie sich um die jüngeren Geschwister kümmern.

Auch ein Haustier kann das Verantwortungsgefühl stärken, diese

Entscheidung muss jedoch wohlüber-legt sein. Ihr Kind muss wirklich reif genug und sich klar sein, was da auf es zukommt. Schließlich ist ein Tier kein Übungsobjekt, sondern ein lebendiges Wesen. Wenn ein Tier zu viel Verantwortung ist (oder Sie es sich nicht leisten können), fördern aber auch Zimmerpflanzen das Verantwortungsbewusstsein. Es gilt zwar auch hier, dass es Lebewesen sind und sie deshalb nicht zu Übungszwecken „missbraucht" werden dürfen, aber der Aufwand gegenüber einem Tier ist vergleichsweise gering.

Selbstständigkeit trainiert sich natürlich auch dadurch, dass Ihr Kind schon das eine oder andere allein tun kann. Dazu gehört zum einen die Beschäftigung mit seinen Lieblingsaktivitäten, beim Spielen oder bei seinen Hobbys, wobei es mit zunehmendem Alter immer weniger Aufsicht benötigt. Geben Sie ihm zunehmend Freiraum und Gelegenheiten, mit seinen Freunden zu spielen. Es sollte auch üben, bei seinen Freunden, bei Verwandten oder anderen Vertrauenspersonen zu bleiben, während Sie nicht da sind. Das Ganze muss natürlich behutsam und Schritt für Schritt erfolgen. Kinder sind dabei unter-schiedlich - manchen macht es kaum etwas aus, von ihren Eltern getrennt zu sein, während andere sehr anhänglich sind. Beachten Sie bei der Förderung der Selbstständigkeit, verständnisvoll und der Persönlichkeit Ihres Kindes entsprechend vorzugehen. Wie oben schon erwähnt, ist der Besuch einer Kita ab dem Alter von vier Jahren sinnvoll, damit Ihr Kind lernt, es an einem fremden Ort mit fremden Menschen ohne Sie auszuhalten.

Mit der Schule kommt ohnehin einiges an Selbstständigkeit auf Ihr Kind zu, schließlich ist es relativ lange von zuhause weg und es werden auch mal Ausflüge unternommen. Wann Ihr Kind den Weg zur Schule selbst gehen bzw. mit dem Bus fahren kann, müssen Sie individuell beurteilen, wobei Sie nicht nur den Reifegrad Ihres Kindes einbeziehen müssen, sondern auch, wie gefährlich oder lang der Schulweg ist. Auch allein zuhause zu bleiben, muss Ihr Kind irgendwann schrittweise lernen. Da dies aber eine sehr große Verantwortung ist (immerhin muss es auch auf das Haus aufpassen), müssen Sie hundertprozentig sicher sein, dass Ihr Kind wirklich alles überschauen kann, vernünftig ist und weiß, wie es sich in allen möglichen Situationen verhalten muss. Zudem sprechen Sie bitte vorab mit Ihrer Hausrat- und Haftpflichtversicherung, passieren kann schließlich immer etwas und Sie tragen die Verantwortung, wenn Sie Ihr

Kind allein zuhause lassen.

Eine sehr viel leichtere Methode, um Ihrem Kind Selbstständigkeit beizubringen, bietet sich beim Lernen, in der Freizeit und im Alltag. Lassen Sie Ihr Kind eigenständig an neue Aufgaben herangehen und selbst ausprobieren, wie etwas zu machen ist. Das haben Sie ja bereits im vorigen Unterkapitel gelernt. Indem Ihr Kind selbst Lösungen findet, merkt es, dass es selbstwirksam ist. Das bedeutet, dass es durch sein eigenes Tun eine Wirkung erzielt. Somit versteht Ihr Kind, dass es für sich selbst und sein Leben die Verantwortung trägt.

Dieses Bewusstsein ist immens wichtig, um innere Stärke aufzubauen und in schwierigen Lebenslagen weiterhin an sich zu glauben. Das Üben der sogenannten Selbstwirksamkeitserwartung beginnt bei den kleinsten Dingen, wie zum Beispiel mit einem Stift eine Linie auf ein Blatt Papier zu zeichnen oder einen Blumensamen zu säen und daraus die Pflanze wachsen zu sehen, und geht bis ins Größte, wie beispielsweise das eigene Zimmer selbst zu renovieren oder sich durch diszipliniertes Lernen von einer Vier auf eine Zwei zu steigern. Auch durch Hilfestellungen für andere kann Ihr Kind natürlich erkennen, dass es durch sein Handeln etwas verändern kann.

Eine Ausnahme gilt natürlich dort, wo es um die Sicherheit Ihres Kindes (oder auch Ihre eigene) geht, wie zum Beispiel in der Küche. In solchen Situationen ist es (wenn Ihr Kind reif genug ist) Ihre Aufgabe, eine gute Lehrerin oder ein guter Lehrer zu sein, indem Sie Ihrem Kind freundlich und auch ein wenig humorvoll, aber niemals von oben herab erklären, wie die betreffende Sache funktioniert.

Kinder sind ohnehin sehr wissensdurstig und so wird Ihr Kind Sie sicher bei vielen Gelegenheiten fragen: „Wie geht das?". Nach der Erklärung oder dem Vormachen sowie verständlichen Sicherheitshinweisen lassen Sie Ihr Kind natürlich in solchen Fällen nicht allein herumprobieren, sondern fragen es: „Wollen wir das mal zusammen versuchen?". Auch wenn Ihr Kind sich dabei gut anstellt, dürfen Sie es natürlich zum Beispiel nicht allein kochen lassen, bevor es wirklich körperlich und geistig in der Lage ist, die gesamte Situation zu überblicken und alles im Griff zu behalten. Zuvor müssen Sie ihm natürlich auch erklären, was zu tun ist, wenn doch etwas schiefgeht (zum Beispiel, wie es sich im

Brandfall verhalten muss).

HERAUSFORDERUNG SCHULE

Zur Schule gehen muss - oder darf - jedes Kind in diesem Land. Einige wenige bewältigen die dortigen Anforderungen mit Leichtigkeit, sie haben Bestnoten, ohne sich dafür großartig anzustrengen, und sind auch noch beliebt bei Mitschülern wie Lehrern. Solche Kinder sind allerdings höchst selten und niemand erwartet von Ihrem Kind, dass es so ist - jedenfalls sollten Sie es nicht erwarten und Ihr Kind selbst auch nicht. Für die meisten Kinder gibt es zumindest in einem der Bereiche wenigstens einmal während der Schulzeit Schwierigkeiten. Oft ziehen sich Probleme sogar über die gesamte Schulzeit oder einen großen Teil davon. Kinder mit wenig Selbstbewusstsein und mangelnder Unterstützung von zuhause entwickeln in solchen Fällen leicht psychische Probleme wie Burnout oder Depressionen, zumindest aber stehen sie unter hohem negativem Stress. Viele von ihnen geben sich auf, lernen nicht mehr, kapseln sich ab und/oder geraten auf die schiefe Bahn. Sie können Ihrem Kind helfen, dass es trotz etwaiger Schwierigkeiten den Schulalltag bewältigt und so oder so seine Selbstwertschätzung behält.

Dafür sind mehrere Dinge entscheidend. Zum einen sollten Sie bereits vor der Schule sein Selbstbewusstsein gestärkt haben. Es sollte sich als wertvollen Menschen begreifen und an sich glauben. Neben den schon dargestellten Methoden fördern Sie dies auch, indem Sie ihm bereits vor der Schule Möglichkeiten geben, sich auf die dortigen Lerninhalte vorzubereiten.

Wenn Ihr Kind schon das Alphabet oder die Zahlen bis zu einer gewissen Größe kann, vielleicht ein paar Worte lesen oder ganz einfache Aufgaben rechnen kann, die Uhr lesen kann oder allgemein gut informiert ist (zum Beispiel über die Natur oder die Gesellschaft), dann bieten Sie ihm einen guten Einstieg. Sie sollen sich natürlich nicht mit ihm hinsetzen und büffeln, bevor es in die Schule kommt. Das würde ihm im Vorhinein schon die Lust daran nehmen. Geben Sie ihm spielerisch und durch Unternehmungen sowie Alltagssituationen die Möglichkeit, schon ein bisschen zu lernen.

Zudem sollte Ihr Kind sozial gut entwickelt sein und sich sprachlich gut ausdrücken können (natürlich nur im altersgerechten Rahmen, es sei denn, Ihr Kind hat eine besondere Begabung). Soziale Kompetenzen sind wichtig, um mit Mitschülern und Lehrern gut umgehen zu können, Konflikte so weit wie möglich zu vermeiden und ggf. friedlich und konstruktiv zu lösen, Freunde zu finden und „gut anzukommen" in dem Sinne, dass Ihr Kind respektvoll mit anderen umgeht. Sprachliche Fertigkeiten helfen ebenfalls bei der sozialen Interaktion und erleichtern zudem das Lernen im gesamten schulischen Be-reich.

Ganz gleich, wie gut Ihr Kind vorbereitet ist, wird es aber sicher Rückschläge, Konflikte und schwierige Aufgaben erleben. Machen Sie Ihrem Kind klar, dass es damit nicht allein ist. Erklären Sie ihm, dass es offen mit Ihnen über alles reden kann und soll. Behandeln Sie es nicht von oben herab, sondern zeigen Sie Verständnis. Bauen Sie keinen Druck auf, denn Stress hat es schon genug in der Schule.

Druck zerstört wie schon beschrieben das Vertrauen in Sie und schädigt das Selbstbewusstsein, denn Ihr Kind bekommt das Gefühl, trotz aller Anstrengung nicht gut genug zu sein. Falls es sich nicht anstrengt, bauen Sie ebenfalls keinen Druck auf, schimpfen nicht und bestrafen es nicht. Motivieren Sie es auf positive Art und loben und belohnen Sie es, wenn es etwas gut macht bzw. sich Mühe gibt, es gut zu machen. Nicht nur der Erfolg ist wichtig, sondern der Weg dorthin, auch wenn der Erfolg am Ende ausbleibt. Allein schon dafür, dass Ihr Kind lernt, sollten Sie es loben. Lassen Sie es auch damit aber nicht allein. Für fast jedes Kind gibt es schwierige Inhalte, die Talente sind unterschiedlich und Lehrer geben oftmals keine ausreichenden Erklärungen. Bei alldem sind die Lehrpläne auch noch meist so voll, dass so mancher Erwachsene damit schon Probleme hätte.

Zeigen Sie Ihrem Kind, dass es sich auf Sie verlassen kann - das sollte es schon vor der Schule lernen, um die Scheu davor zu verlieren, Sie zu fragen. Wenn es zum Beispiel bei alltäglichen Aufgaben oder bei Fortschritten in seinem „Lernen fürs Leben" Probleme hat, helfen Sie ihm. Schreiten Sie aber nicht einfach ein und nehmen ihm die Sachen aus der Hand, sondern fragen Sie es, ob es Hilfe möchte bzw. den Vorgang gern gezeigt oder erklärt bekommen möchte. Wenn es verneint, lassen Sie es gewähren. Hat es weiterhin Schwierigkeiten, wird es wahrscheinlich von selbst auf Ihr Angebot zurückkommen. Erklären Sie, wie schon gesagt, niemals von oben herab. Wenn Sie direkt helfen (weil Ihr Kind Sie da-rum bittet!), sollten Sie nicht die ganze Aufgabe erledigen, sondern nur ein bisschen, um einen Anstoß zu geben. Ihr Kind muss lernen, selbstständig zu denken, sich an Neues heranzutrauen und eigene Lösungen zu finden.

Wenn Ihr Kind dann in der Schule ist, unterstützen Sie es bei allen Anforderungen, die der Schulalltag so mit sich bringt - und zwar nicht nur am Anfang, sondern über die gesamte Schulzeit. Seien Sie interessiert, nehmen Sie an seinem Leben teil. Ein großer Teil seines Lebens spielt sich jetzt in der Schule ab. Hören Sie ihm geduldig zu, erkundigen Sie sich wie ein Freund oder eine Freundin (nicht mahnend, nicht drängend, nicht belehrend) und geben Sie ihm das Gefühl, dass Sie da sind. Vielleicht hat es Ärger mit einem Mitschüler, vielleicht kommt es mit einem Lehrer nicht klar, vielleicht versteht es eine Aufgabe nicht oder muss für einen Test lernen. Vielleicht möchte es auch einfach nur so erzählen. Wenn es das nicht möchte, müssen Sie es aber auch akzeptieren. Vermitteln Sie ihm, dass es mit Ihnen über alles reden kann, dann wird es das wahrscheinlich von selbst tun (möglicherweise nicht sofort, sondern zu einer Zeit, die es selbst wählt).

Eine Ausnahme gilt natürlich, wenn Sie den Verdacht haben, dass Ihr Kind ernste Probleme hat (zum Beispiel, dass es gemobbt wird, mit den Lerninhalten überhaupt nicht klarkommt oder die „falschen Freunde " hat). Dann ist es Zeit für ein Gespräch unter vier oder sechs Augen. Auch bei diesem darf Ihr Kind sich aber nicht wie in einem Verhör fühlen. Stellen Sie klar, dass Sie ihm nur helfen wollen. Ermutigen Sie es zum Reden, setzen Sie es aber nicht unter Druck. Wenn es nichts sagen möchte, schließen Sie das Gespräch mit den Worten ab: „ Ich/wir verstehen, dass du jetzt nicht reden möchtest. Aber du weißt, dass du jederzeit mit mir/uns sprechen kannst, wenn dich etwas bedrückt."

Wirklich schlimme Probleme wie gewalttätiges Mobbing, Drogen oder kriminelle Handlungen werden im Grundschulalter in aller Regel noch nicht vorkommen. Bis zur weiterführenden Schule sollte Ihr Kind durch Ihre Erziehung so weit gewappnet sein, dass es in derartigen Situationen selbstbewusst bleibt. Indem Sie sein Selbstbewusstsein frühzeitig aufbauen, beschützen Sie es in gewissem Maße vor solchen Gefahren bzw. deren psychischen Auswirkungen. Um den guten Eindruck aus der Kindheit zu erhalten und zu verhindern, dass das

Selbstbewusstsein sich im Laufe der Zeit verflüchtigt, seien Sie aber trotzdem die verständnisvollen, toleranten, ermutigenden Eltern aus den Kindertagen Ihres Sprösslings. Auch wenn Ihr Kind zunehmend selbstständiger wird, sind Sie immer noch der wichtigste Mensch bzw. die wichtigsten Menschen in seinem Leben und es hängt von Ihnen ab, ob es an sich glaubt, sich treu bleibt und alle Herausforderungen der Jugend meistert. Auf das Thema Mobbing komme ich im nächsten Unterkapitel noch ausführlich zurück.

Was die schulischen Leistungen bzw. das schulische Lernen betrifft, unterstützen Sie Ihr Kind, wenn es Hilfe braucht. Lassen Sie es aber zunächst allein versuchen, die Aufgaben zu lösen oder die Erklärungen aus dem Unterricht bzw. dem Schulbuch zu verstehen. Geben Sie ihm jedoch gegebenenfalls Hinweise, wo es die Erklärungen findet bzw. welche Erklärungen es für die betreffenden Aufgaben benötigt. Finden Sie mit ihm gemeinsam heraus, wie es am besten lernen kann.

Es gibt unterschiedliche Lerntypen. Die einen lernen durch Lesen und Ansehen, die anderen durch Hören, die dritten durch Anwenden und die Vierten, indem sie über das Thema sprechen. Am besten ist es zwar, wenn Ihr Kind auf alle oder zumindest mehrere Arten lernen kann - daher sollten Sie es frühzeitig an all diese Methoden heranführen. Wahrscheinlich werden einzelne Methoden aber besser funktionieren als andere. Das zeigt sich im Laufe des Lernens oder auch erst im Laufe der Schuljahre. Wenn Sie merken, dass Ihr Kind auf die eine Art nicht zurechtkommt, probieren Sie etwas anderes mit ihm aus.

In der Grundschulzeit sollten Sie und Ihr Kind herausfinden, wie es gut lernen kann, um nach und nach selbstständiger zu lernen. Denn an der weiterführenden Schule werden die Aufgaben so viel, dass Sie es zeitlich möglicherweise nicht schaffen, Ihr Kind bei allen Aufgaben zu unterstützen, oder Sie kommen auch inhaltlich nicht mehr mit. Wenn Ihr Kind (egal, in welchem Alter) mehr Unterstützung benötigt, als Sie ihm geben können, engagieren Sie eine Nachhilfekraft.

Erklären Sie Ihrem Kind aber, dass diese nur dazu da ist, auf seinen Wunsch Hilfe zu leisten und Dinge zu erklären, nicht aber, um die Aufgaben für Ihr Kind zu machen. Das ist zum einen wichtig, damit Ihr Kind selbst wirklich etwas lernt, und zum anderen für sein Selbstbewusstsein, denn wenn jemand anders die Aufgaben für es erledigt, gibt ihm dies das Signal, dass es dazu allein nicht in der Lage ist. Die Unterstützung, egal, ob durch Sie oder eine Fachkraft, soll lediglich dazu dienen, Ihrem Kind beim Lernen zu helfen und ihm so zu ermöglichen, selbstständiger und aus eigener Kraft erfolgreicher zu werden. Auch für Sie gilt al-so, dass Sie Ihrem Kind die Aufgaben nicht aus der Hand nehmen dürfen, sondern ihm nur - bei Be-darf! - den richtigen Weg weisen sollen.

Fragen Sie Ihr Kind, welche Hausaufgaben es hat und ob es dabei Hilfe braucht. Fragen Sie es auch, ob es Unklarheiten zu etwas aus dem Unterricht gibt, das nicht zu den Hausaufgaben gehört. So verhindern Sie Lerndefizite und damit das Gefühl, nicht mitzukommen, was Gift für das Selbstbewusst-sein ist. Wenn es keine Hilfe möchte, bitten Sie es nach den Hausaufgaben, sie Ihnen zu zeigen.

Möchte es das nicht, können Sie nichts tun, sonst wäre es eine Bevormundung und somit eine Gefahr für sein Selbstbewusstsein. Wenn es Ihnen die Aufgaben zeigt und Sie einen Fehler entdecken, sagen Sie: „Bist du dir bei dieser Aufgabe ganz sicher?". Bejaht es, können Sie wiederum nichts machen. Im anderen Fall lassen Sie es zunächst selbst nochmal das Ergebnis überprüfen. Kommt es nicht zurecht, wird es Sie wahrscheinlich von selbst um Hilfe bitten. Wenn Sie merken, dass es feststeckt und Sie hin und wieder verstohlen hilfesuchend anschaut, fragen Sie: „Kommst du zurecht? Oder wollen wir uns das mal gemeinsam anschauen?". Sehen Sie sich die Aufgabe dann wirklich gemeinsam an. Kommunizieren Sie mit Ihrem Kind und fragen Sie es zwischendurch immer wieder Kleinigkeiten, damit es eventuell einhaken kann und damit Sie sicher sind, dass es Ihnen zuhört. Erklären Sie nur, die Aufgabe selbst soll weiterhin Ihr Kind lösen. Nur dann ist es eine eigene Leistung und ein eigenes Erfolgserlebnis.

Hat Ihr Kind Schwierigkeiten, erzählen Sie ihm auch von Ihren Problemen in der Schule. Dann fühlt es sich verstanden und „normal". Erwarten Sie nicht, dass Ihr Kind ein „Überflieger" ist. Genies gibt es nur wenige auf der Welt. Ihr Kind ist gut, wie es ist. Erfolge bemessen Sie bitte nicht nach dem, was andere Schüler (zum Beispiel die Klassenkameraden oder aber auch Sie in Ihrer

Schulzeit) geleistet haben, sondern einzig und allein an Ihrem Kind selbst.

Findet es keinen Zugang zu einem Thema oder einem Fach, ist eine Drei schon super und eine Vier immer noch erfreulich. Für Noten (oder etwas anderes) bestrafen oder ausschimpfen dürfen Sie Ihr Kind ohnehin niemals. Suchen Sie mit ihm gemein-sam nach Lösungen für seine Probleme. Mit der richtigen Förderung kann jedes Kind zumindest einen passablen Hauptschulabschluss schaffen. Und das ist gegebenenfalls vollkommen ausreichend - suchen Sie dann gemeinsam mit ihm nach Ausbildungsmöglichkeiten, die seinen Interessen entsprechen und die es mit seinem Abschluss erreichen kann; alternativ dazu suchen Sie mit ihm nach Möglichkeiten, doch noch einen höheren Schulabschluss zu machen, wenn es das möchte.

Bremsen Sie Ihr Kind aber auch nicht aus. Wenn es versuchen möchte, Abitur zu machen, obwohl sei-ne Noten nicht danach aussehen, lassen Sie es dies versuchen. Ist es selbst dazu motiviert, wird es sei-ne Energie in dieses Vorhaben stecken und kann es schaffen. Und falls nicht, kann es sich wenigstens sagen, dass es nicht aufgegeben hat, und stolz auf sich sein. Wie klein oder groß die Erfolge auch immer sein mögen oder ob es beim Versuch bleibt - vergessen Sie niemals, Ihr Kind zu loben und Ihr Lob ehrlich wirken zu lassen, auch wenn Sie sich mehr erhofft haben. Ihr Kind bestimmt seinen Lebensweg. Sie sind „ nur“ dafür da, es auf diesem Weg zu begleiten und dafür zu sorgen, dass es so stark ist, von seinem eigenen Weg nicht abzukommen.

Erlebt Ihr Kind Rückschläge, Misserfolge und „Gegenwind “, bauen Sie es auf, zeigen Sie Verständnis und erinnern Sie es daran, wer es ist und was es alles kann. Was Ihr Kind selbst für sich entscheidet, ist richtig. Dabei muss nicht alles geradlinig laufen. Pläne können sich ändern und wenn man merkt, dass man an einem Punkt nicht bzw. nicht auf diese Art weiterkommt, muss man sich eine „ Abbiegung “ überlegen, mit der man ebenfalls glücklich wird - und zwar als man selbst, nicht als die Vorstellung von jemand anderem. Das gilt für Ihr Kind ebenso wie für Sie. Lernen und leben Sie dies gemeinsam. Ihr Kind wird es Ihnen danken und auch Sie werden sich zufriedener und ausgeglichener fühlen.

WAS TUN BEI MOBBING?

Trotz dessen, dass Ihr Kind bei Ihnen im Elternhaus und im Freundeskreis eine liebevolle Atmosphäre genießen darf, die sein Selbst sowie seine Entwicklung bestärken und fördern, kann es leider zu Mobbing kommen. Ihr Kind begegnet vielen Menschen in Ihrer Abwesenheit - je älter es wird, desto mehr Kontakte hat es, die Sie nicht persönlich kennen. Es können Mitschüler sein, fremde Kinder auf der Straße oder auf dem Spielplatz, Geschwister von Freunden, Lehrer und Fremde im Internet. Je weniger Ihr Kind den Begegnungen ausweichen kann, desto schlimmer können die Folgen sein. Mobbing stellt eine extreme psychische Belastung dar. Selbst, wenn man ein starkes Selbstbewusstsein hat, versetzen einem die herabwürdigenden Bemerkungen, Blicke und Verhaltensweisen anderer Menschen einen Stich und man fühlt sich ein Stück kleiner und minderwertiger. Auch, wenn Sie das Selbstbewusstsein Ihres Kindes bereits erfolgreich aufgebaut haben, stellt Mobbing also möglicher-weise eine Gefahr für Ihr Kind dar. In schlimmen Fällen führt Mobbing bis hin zu Depressionen, Essstörungen, Suizidgedanken oder Angststörungen. Das geschieht im Normalfall aber nur, wenn der Betroffene ein geringes Selbstbewusstsein hat. Auch bei einem gewissen Selbstbewusstsein wird Ihr Kind aber wahrscheinlich niedergeschlagen, schlecht gelaunt, unmotiviert oder in sich gekehrt werden. Bemerken Sie diese Anzeichen, sollten Sie der Sache auf den Grund gehen, denn es besteht dann die Gefahr, dass Ihr Kind sich in die negative Sicht, welche die Mobber ihm „beibringen", hineinsteigert, seine Selbstachtung verliert und seine Ziele nicht mehr verfolgt.

Besonders Mobbing in der Schule (oder, was seltener vorkommt, auch im Kindergarten) hat schwer-wiegende Auswirkungen, da Ihr Kind der Situation nicht entgehen kann. Es muss zur Schule gehen, muss sich in diese Klasse setzen, muss diesen Menschen begegnen. Mobbing unter Schülern fällt den Lehrern oft nicht auf oder sie denken „Lass die das mal unter sich ausmachen". Manche Lehrer interessieren sich nicht dafür, was unter den Schülern abläuft, und andere haben sogar Angst, sich einzumischen - denn auch als Lehrer wird man leicht ein Opfer von Mobbing. Manchmal kommt es sogar vor, dass sich Lehrer und Schüler gegen ein Kind „verbünden".

Mobbt ein Lehrer, egal, ob allein oder mit Schülern zusammen, fühlen sich das betroffene Kind wie auch seine Eltern meist sehr hilflos. Der Lehrer ist in einer Machtposition und wenn er will, schafft er es irgendwie, dass das Kind schlechte Noten bekommt (zum Beispiel im Mündlichen, denn da gibt es keine Beweise). Gegen das Mobbing durch Lehrer kann Ihr Kind allein nichts machen, auch wenn es noch so selbstbewusst ist. Berichtet Ihr Kind von ungerechten Bewertungen, Nichtbeachtung im Unterricht oder herabsetzenden Bemerkungen, ist es Ihre Aufgabe, sich einzuschalten. Das ist in dem Fall keine Bevormundung Ihres Kindes, sondern notwendig und zeigt ihm, dass Sie sich für seine Belange einsetzen. Natürlich aber sollte Ihr Kind mit Ihrem Einschreiten einverstanden sein. Auch hier gilt es, nichts über den Kopf Ihres Kindes hinweg zu entscheiden, sonst schädigen Sie sein Selbstbewusstsein.

Es ist jedoch beim Einschreiten Vorsicht geboten - zitieren Sie den betreffenden Lehrer zum Gespräch oder beschweren Sie sich beim Schulleiter, ziehen Sie oft den Kürzeren. In aller Regel gibt es keine Beweise für das Mobbing, außer wenn Klassenarbeiten bzw. Klausuren nachweislich falsch bewertet wurden. Mitschüler sind meist nicht bereit, eine Aussage zu machen, da sie befürchten, dann auch gemobbt zu werden. Nach dem (erfolglosen) Gespräch unterrichtet der betreffende Lehrer Ihr Kind weiter und lässt seine Wut erst recht an ihm aus.

Handelt es sich nur um einen Lehrer, ist es daher oft ratsamer, in den sauren Apfel zu beißen und das Mobbing zu ertragen. Nach einem oder spätestens zwei Jahren wechseln die Lehrer und der Spuk hat ein Ende. Während dieser Zeit sollten Sie Ihr Kind ermutigen, sich vorbildlich zu verhalten, alle Hausaufgaben zu machen und immer gut für alle Arbeiten und Tests zu lernen. Das gilt nicht nur, um dem Lehrer nicht noch mehr Angriffsfläche zu bieten, sondern in erster Linie auch, damit Ihr Kind keinen Unterrichtsstoff verpasst und zumindest in den schriftlichen Nachweisen gut abschneidet (hier kann eine falsche Bewertung ja meist nachgewiesen werden).

Motivieren Sie Ihr Kind und rufen Sie ihm seine Stärken in Erinnerung. Außerdem erinnern Sie es immer wieder daran, dass es nur noch eine gewisse Zeit mit diesem Lehrer verbringen muss (zur Veranschaulichung hilft ein Abreißkalender) und dass Ihr Kind noch viele andere Lehrer hat, mit denen es gut zurechtkommt. Für viele Fächer gibt es auch Online-Portale mit Tests, die Ihr Kind zur Selbstüberprüfung machen kann. So sieht es, dass es in dem betreffenden Fach sehr wohl gut ist.

Falls das Mobbing ein Fach betrifft, in dem Ihr Kind auch inhaltliche Schwierigkeiten hat, setzen Sie sich intensiv mit ihm zusammen und lernen Sie mit ihm für dieses Fach besonders viel. Es ist zu empfehlen (wenn Sie es sich leisten können), außerdem einen privaten Nachhilfelehrer zu engagieren (keine Gruppennachhilfe in diesem Fall, denn Ihr Kind braucht den individuellen Aufbau seines Könnens und seines Selbstbewusstseins). Geben Sie Ihrem Kind positive Anreize, ohne Druck zu machen. Er-möglichen Sie ihm Erfolgserlebnisse, zum einen beim Lernen für das betreffende Fach, aber zum anderen auch in allen anderen Lebensbereichen. Sorgen Sie dafür, dass Ihr Kind sein Selbstwertgefühl be-hält und nicht an das glaubt, was dieser Lehrer sagt.

Schwierig wird es, wenn mehrere Lehrer Ihr Kind mobben oder wenn die Mitschüler sich ebenfalls gegen Ihr Kind wenden. Das wird dann dem selbstbewusstesten Menschen zu viel, zumal durch die „so-zialen“ Medien das Mobbing heutzutage bis nachhause mitkommt. Um Ihrem Kind eine positive Zukunft zu ermöglichen, sollten Sie in diesem Fall in Absprache mit ihm einen Platz auf einer anderen Schule suchen.

Wenn Ihr Kind das nicht möchte, weil es zum Beispiel doch einige Freunde in der Klasse hat, müssen Sie dies jedoch akzeptieren. Sie können und sollten ihm gut zureden (als verständnisvoller Freund), aber können Ihr Kind nicht zwingen. Stärken Sie ihm in dem Fall umso mehr zuhause den Rücken und achten Sie darauf, dass es genügend positive Kontakte und Beschäftigungen hat, um einen Ausgleich zu dem negativen Schulalltag herzustellen.

Zum Glück gibt es nicht allzu viele solcher schwarzen Schafe unter den Lehrern. Mobbing unter Kindern ist jedoch (leider) etwas ganz „Normales“, das in nahezu jeder Klasse vorkommt und sich auch überall sonst einschleicht, wo eine Gruppe von Kindern zusammenkommt. Es gibt immer Kinder, die aus irgendeinem Grund als „Opfer“ auserkoren werden. Fragen Sie sich jetzt bitte nicht, warum das so ist, warum ausgerechnet Ihr Kind gemobbt wird.

Es ist weder die Schuld Ihres Kindes noch Ihre Schuld. Nicht die

Eigenschaften Ihres Kindes sind es, die zum Mobbing anreizen, auch wenn die Mobber es so darstellen. Nein, es ist ganz einfach die Schuld der Menschen, die gern mobben und dazu meist auch noch zu Rudelbildung neigen. Allein wären sie nämlich zu feige. Diese Menschen sind nicht stark, ganz im Gegenteil. Sie haben eine sehr schwache Persönlichkeit. Vielleicht haben sie kein so gutes Elternhaus wie Ihr Kind, vielleicht haben sie andere Probleme, aber auf jeden Fall sind sie psychisch labil und fühlen sich minderwertig. Dieses Gefühl versuchen sie, zu kompensieren, indem sie andere durch Worte oder ihr Verhalten verletzen. Sie fühlen sich größer, indem sie andere kleiner machen.

Diese Menschen müssen Ihnen aber nicht leidtun, denn jeder ist für sein eigenes Tun verantwortlich. Nicht jeder, der Probleme hat oder sich nicht gut genug fühlt, entwickelt ein derartiges Verhalten. Sicher bräuchten diese Menschen Hilfe, aber das ist nicht Ihre Aufgabe. Ihre Aufgabe ist einzig und al-lein, Ihrem eigenen Kind zu helfen. Was können Sie aber nun tun, wenn Ihr Kind weinend nachhause kommt, plötzlich ängstlich und verschüchtert wirkt, appetitlos ist oder nicht mehr an einen bestimmten Ort (zum Beispiel die Schule) gehen will?

Erfragen Sie zunächst alle Einzelheiten von Ihrem Kind. Lassen Sie sich ganz in Ruhe alles erzählen, was vorgefallen ist. Wenn es nicht gleich sprechen will, helfen ermutigende und verständnisvolle Sätze wie, „Ich sehe doch, dass es dir nicht gutgeht. Was bedrückt dich? Du kannst mir alles erzählen. Ich bin für dich da.“ Rückt Ihr Kind dann mit der Sprache raus, erklären Sie ihm, dass es für das Mobbing keinen Grund gibt. Finden Sie „Gegenargumente“ und erinnern Sie Ihr Kind an seine positiven Eigenschaften. Wenn es zum Beispiel wegen seines Aussehens bzw. einer körperlichen Eigenschaft gemobbt wird, sagen Sie Ihrem Kind, dass es gut aussieht, und heben Sie dabei Details seines Aussehens hervor.

Zudem weisen Sie es auf seine positiven Charakterzüge und Fähigkeiten hin. Erklären Sie ihm auch, dass verschiedene Menschen unterschiedliche Geschmäcker haben und nicht jeder für jeden schön ist, aber dass das Aussehen vollkommen unbeachtlich für den Wert einer Person ist. Fragen Sie Ihr Kind außerdem nach Menschen, die es attraktiv oder unattraktiv findet (aus dem realen Leben oder aus dem Fernsehen). So veranschaulichen Sie ihm, was Sie zuvor erklärt haben.

Dann fragen Sie Ihr Kind, ob es die Personen, die es nicht attraktiv findet, beschimpfen oder ausgrenzen würde. Sicher wird Ihr Kind dies (dank Ihrer guten Erziehung) verneinen. Anschließend fragen Sie, was Ihr Kind von Menschen hält, die andere grundlos schlecht behandeln. Bestimmt wird es etwas antworten, das erkennen lässt, dass es solche Personen bzw. ihr Verhalten nicht in Ordnung findet. Dann ist der Punkt gekommen, an dem Sie fragen, warum Ihr Kind sich das Urteil dieser Menschen zu Herzen nimmt. Wahrscheinlich folgt eine lange Denkpause, hoffentlich beendet durch ein erleichtertes „Stimmt, du hast ja Recht, ich sollte auf die nicht hören“ (oder Ähnliches).

Damit ist das Gespräch aber noch nicht vorbei. Erklären Sie Ihrem Kind nun, wie es sich in Zukunft gegenüber den betreffenden Personen verhalten sollte. Es sollte sie bzw. ihre Bemerkungen und ihr Verhalten möglichst komplett ignorieren. Meist suchen solche Leute Aufmerksamkeit und haben keine bessere Idee, als diese durch Mobben zu bekommen. Indem Ihr Kind sie beachtet und zum Beispiel durch Weinen, eine niedergeschlagene Körperhaltung oder Verteidigung reagiert, erreichen sie ihr Ziel und machen weiter, da sie sich bestätigt fühlen. Indem man sie ignoriert, verfehlen sie, was sie wollen, und hören in aller Regel mangels Erfolg bald mit dem Mobbing auf. Erklären Sie Ihrem Kind genau dies. Ihm wird dadurch klar, dass es ganz genau auf eine Art mächtiger als die Mobber sein kann - in-dem es sie ignoriert.

Immer, wenn es ihnen begegnet, soll es ganz ruhig bleiben und sich vorstellen, wie enttäuscht und verzweifelt diese Personen sind, weil es nicht auf ihre Angriffe reagiert. Weiterhin hilft es auch, an etwas Schönes zu denken und sich damit abzulenken. So bemerkt Ihr Kind vielleicht wirklich nicht jede der Gemeinheiten, zumindest aber können sie seiner psychischen Gesundheit nicht so viel anhaben, da es gleichzeitig positive Gefühle hat. Am besten „üben“ Sie das mit Ihrem Kind zu-hause, indem Sie mit ihm gemeinsam eine besonders schöne oder lustige Situation aussuchen, an die es sich immer erinnern soll.

Eine andere Möglichkeit ist, direkt das Gespräch mit den Mobbern zu suchen - natürlich auf friedliche Art. Dies erfordert einigen Mut, selbst wenn es „ nur“ Sticheleien und abschätzige Blicke sind. Zuvor erklären Sie Ihrem Kind, dass Menschen, die andere mobben, selbst meist Probleme haben. So erleichtern Sie es ihm, auf die Personen, die es schlecht behandeln, zuzugehen. Je nachdem, wie alt Ihr Kind ist und wie schwerwiegend das Mobbing ist, kann es dies allein tun oder Sie sollten ihm dabei den Rücken stärken. Im Kindergartenalter können die Kinder die Sache noch nicht unter sich besprechen, da sie noch nicht den nötigen geistigen Weitblick haben. Sprechen Sie daher zunächst mit den Eltern des anderen Kindes bzw. der anderen Kinder sowie auch mit den Erziehern. Es ist deren Aufgabe, auf das mobbende Kind einzuwirken.

Ihr Kind kann und sollte gern bei dem Gespräch dabei sein, um das Mobbing aus seiner Sicht zu beschreiben und Selbstsicherheit zu gewinnen. Die anderen Eltern und im Fall, dass das Mobbing innerhalb des Kindergartens auftritt, auch die Erzieher sollten dem betreffen-den Kind erklären, dass es nicht richtig ist, sich so zu verhalten, und es überzeugen, dass Sie alle gemeinsam miteinander sprechen und Frieden schließen. Alle heißt, dass alle beteiligten Kinder und deren Eltern anwesend sind. Im Grundschulalter sollten Sie ebenfalls zuerst mit den Eltern und ggf. Lehrern sprechen, dann aber sollten die Kinder zunächst versuchen, die Sache allein zu klären. Ihr Kind sollte als das vernünftigere und friedfertigere dafür sorgen, dass das Gespräch in angemessenem Ton und sachlich bleibt. Wenn das andere Kind dazu nicht bereit ist, sollte Ihr Kind das Gespräch freundlich, aber bestimmt abbrechen. Dann ist doch ein Gespräch unter Einbeziehung der Eltern notwendig.

Wenn mehrere Kinder Ihr Kind mobben, empfiehlt es sich, immer nur mit einem Kind zur selben Zeit zu sprechen. So wird der Zusammenhalt der Gruppe aufgelöst. Selbst wenn Ihr Kind nur mit einem der Kinder Frieden schließt, ist es immerhin ein Feind weniger und vielleicht sogar ein Freund mehr. Ihr Kind sollte das andere Kind im Gespräch auch fragen, warum es sich so verhält und ob es zuhause oder mit anderen Kindern Probleme hat. Das Ganze soll sich natürlich freundlich und verständnisvoll anhören und darf nicht als Angriff missverstanden werden. Vielleicht hat das andere Kind tatsächlich Schwierigkeiten und beginnt, zu erzählen. Aus solchen Situationen sollen schon gute Freundschaften entstanden sein.

Auf der weiterführenden Schule ist es erst einmal nicht mehr die Aufgabe der Eltern, Konflikte der Kinder aus der Welt zu schaffen. Die Kinder sind jetzt weit genug, um solche Angelegenheiten selbst zu durchschauen und zu klären. Ermutigen Sie Ihr Kind in dem Fall lediglich, auf beschriebene Art das Gespräch zu suchen. Hilft es nichts, sollten Sie anders als im Kindergarten- und Grundschulalter nicht gleich mit den anderen Eltern sprechen (eine Ausnahme gilt je nach Reifegrad noch in der fünften Klasse). Ihr Kind wird sonst womöglich noch mehr gemobbt, da es „gleich zu Mama und Papa rennt und sich ausheult ". Stärken Sie Ihr Kind immer wieder zuhause, sodass es mehr und mehr in der Lage ist, das Verhalten zu ignorieren. Mit steigendem Alter wächst im Regelfall die Vernunft bei allen Kindern und Jugendlichen, sodass sich die Mobber möglicherweise beruhigen. Erfahren sie keine Aufmerksamkeit für ihr Verhalten, beschleunigt sich dieser Prozess.

Anders sieht die Sache natürlich aus, wenn Ihr Kind körperlich attackiert wird, zum Beispiel verprügelt, bedroht oder erpresst wird. Zum Schutz Ihres Kindes müssen Sie dann einschreiten, und zwar nicht durch ein Gespräch mit dem betreffenden Kind, sondern mit dessen Eltern. Diese tragen die Verantwortung für ihren Sprössling und sollten normalerweise kein Interesse daran haben, dass dieser sich strafbar macht. Für Ihr Kind bzw. an der Situation können Sie persönlich jedoch nicht mehr tun, als vernünftig mit den anderen Eltern zu sprechen. Wollen sie nicht wahrhaben, was ihr Liebling tut, oder unterstützen sie dessen Verhalten womöglich noch, haben Sie keinen weiteren direkten Einfluss. Ist Ihr Kind ernsthaft in Gefahr, hilft da nur ein Gang zur Polizei. Das sollte aber wirklich nur im äußersten Notfall erfolgen.

Gegen die Angst vor der Gewalt oder der Bedrohung hilft Ihrem Kind ein Selbstverteidigungskurs oder eine entsprechende Sportart, wie zum Beispiel Judo. Sie sollten Ihrem Kind aber erklären, dass es sich wirklich nur im Notfall verteidigen darf (also, wenn es selbst bereits angegriffen wird) und nicht von selbst angreifen darf (auch nicht, wenn es bedroht wird). Das Bewusstsein, sich verteidigen zu können, hilft Ihrem Kind jedoch, angstfrei zur Schule bzw. an den Ort des Mobbings zu gehen, und kann ihm im Ernstfall seine Gesundheit retten. Wird Ihr Kind angegriffen und verteidigt sich erfolgreich, führt das zudem dazu, dass die Angreifer Respekt bekommen und es möglicherweise in Ruhe lassen.

Finden Gewalt, Bedrohungen oder Erpressungen auf dem Schulhof bzw. in der Schule statt, müssen Sie außerdem die Lehrer informieren. Am besten gleich direkt auch die Schulleitung. Denn es ist deren Aufgabe, dafür zu sorgen, dass auf dem Schulgelände alles friedlich ist und keine Straftaten stattfinden. Was auf dem Schulweg passiert, darauf haben sie natürlich keinen Einfluss. Die Schule sollte jedoch ihrerseits so ermahnend auf die betreffenden Schüler einwirken, dass sie das Verhalten unterlassen. Gegebenenfalls droht immerhin ein Schulverweis. Auch dies ist manchen Menschen zwar egal, aber wir wollen nicht davon ausgehen, dass Ihr Kind ausgerechnet auf solche „Kandidaten" trifft.

Was auch wichtig ist: Ihr Kind darf niemals den Eindruck bekommen, dass es sich fürchten oder vor der Situation flüchten muss. Vor allem dürfen Sie als Vorbild auch keine Angst zeigen. Ihr Kind von der betreffenden Schule zu nehmen, sollte immer die allerletzte Option sein, wenn es gar nicht anders geht und dies aus Sicherheitsgründen geboten ist. Erklären Sie Ihrem Kind dann, dass es keine Flucht ist, sondern eine vernünftige Entscheidung, und dass die Schuld einzig und allein bei den Mobbern liegt.

Da wir schon bei verfahrenen Situationen mit schlimmen Auswirkungen sind, müssen wir auch noch kurz auf das Thema Cybermobbing zu sprechen kommen. Dieses feige Mobbing aus der Ferne kann Ihrem Kind erheblich zusetzen, schließlich trägt es spätestens ab der weiterführenden Schule sein Handy mehr oder weniger immer bei sich und so erreichen es die Beleidigungen und Drohungen vom Aufstehen bis zum Zubettgehen, jeden Tag und in jeder Situation. Da solches Mobbing über Social Media, wie zum Beispiel Facebook, WhatsApp oder TikTok, stattfindet, gäbe es eigentlich eine einfache Methode, diesem aus dem Weg zu gehen - Ihr Kind könnte einfach aus den betreffenden Kanälen austreten bzw. gar nicht erst eintreten.

Da kommt dann aber wieder der Gruppenzwang ins Spiel und die Sorge, es könnte erst recht ausgegrenzt werden, wenn es nicht bei diesen Medien mitmacht. Tatsächlich ist es für die allermeisten Kinder kaum vorstellbar, nicht dort aktiv zu sein, und jeder, der es nicht ist, wird schon mal komisch angeguckt. Vieles geht dann einfach auch an Ihrem Kind vorbei, zum Beispiel wichtige Informationen über die Schule, die in der Klassengruppe ausgetauscht werden. Hier sollte eigentlich auch seitens der Schule dafür gesorgt werden, dass jeder alle wichtigen Informationen bekommt, auch wenn er noch in der „Steinzeit" lebt. Früher, als es noch keine Handys und Computer gab, sind wir ja schließlich auch gut zurechtgekommen.

Gehen wir aber mal davon aus, Ihr Kind möchte aus welchen Gründen auch immer in einem oder mehreren sozialen Netzwerken aktiv sein. Vielleicht hat es selbst Spaß daran oder der Informations-fluss in Bezug auf die Schule funktioniert wirklich nicht ohne. Vielleicht hat es auch gute Freunde, die nicht in der Gegend wohnen und die es nur so kontaktieren kann. Das ist ja alles legitim und die freie Entscheidung Ihres Kindes. Der Gefahr können Sie bzw. kann Ihr Kind dann allerdings nicht aus dem Weg gehen. Sie sollten mit Ihrem Kind besprechen, welche Netzwerke wirklich gut und nötig sind und in welchen Gruppen es aktiv sein muss bzw. will. Wird Ihr Kind in einem Netzwerk oder einer Gruppe gemobbt, sollte es die betreffenden Personen blockieren.

Falls das nicht geht oder sie trotzdem einen Weg finden, sollte Ihr Kind aus der Gruppe bzw. dem Netzwerk austreten. So wichtig ist das alles nicht, dass man sich dafür täglich mit den Gemeinheiten auseinandersetzen muss. Das sollten Sie Ihrem Kind klarmachen. Natürlich besteht die Gefahr, dass die anderen in Abwesenheit weiter lästern, aber zumindest ist der direkte Zugriff ausgeschaltet. Man weiß nie, was andere reden, während man nicht dabei ist, auch nicht im „realen" Leben. Deshalb sollte man einfach nicht darüber nachdenken und komische Blicke oder Gekicher ignorieren. Menschen dieser Art und ihre Gedanken sind es nicht wert, sich damit zu befassen. Das sollten Sie Ihrem Kind immer wieder klarmachen. Erklären Sie ihm, dass diese Personen keinerlei Bedeutung für sein Leben haben. Führen Sie auch Beispiele aus Ihrer Schulzeit an, wenn Sie mit jemandem nicht klargekommen sind, und dass Sie die Personen nach der Schulzeit nie wieder gesehen haben.

Es dauert maximal ein paar Jahre und je weniger man sich damit befasst, desto weniger schlimm ist es. Zeigen Sie Ihrem Kind auch heute, dass es Ihnen egal ist, was andere von Ihnen denken. Ärgern Sie sich zum Beispiel nicht (hörbar oder sichtbar) über Ihre Kollegen oder Ihre „lieben Verwandten", die sich über Sie lustig machen oder Sie kleinreden. An Ihrem guten Beispiel sieht Ihr Kind, dass es vollkommen unnötig ist, sich über dumme, gemeine Menschen zu ärgern. Es ist einfach Energie- und Zeitverschwendung, man könnte so viel Schönes stattdessen tun. Lenken Sie Ihr Kind ab, gestalten Sie seinen Alltag positiv und geben Sie ihm viele Gelegenheiten, seine Stärken zu zeigen und sich gut zu fühlen.

In jedem Fall sollten Sie auch dafür sorgen, dass Ihr Kind Freunde in verschiedenen Lebensbereichen hat. Wenn es nur Freunde in seiner Schulklasse hat, steht es unter Umständen ganz allein da, falls ein Mobber es schafft, die ganze Klasse aufzuhetzen (bzw. die Mehrheit und die anderen nichts dagegen unternehmen). Genauso ist es, wenn Ihr Kind zum Beispiel nur Freunde in der Kita oder bei einem Hobby hat. Ausschließlichkeit fördert immer die Verletzlichkeit.

Durch verschiedene Hobbys und Teilnahme am öffentlichen Leben (zum Beispiel auf öffentlichen Spielplätzen, in der Badeanstalt oder auf der Skaterbahn) sowie gute Kontakte in der Nachbarschaft hat Ihr Kind die Gelegenheit, ein breit gefächertes soziales Netz aufzubauen, das es gegebenenfalls auffängt. Wichtig ist auch ein bester Freund oder eine beste Freundin - das zählt noch viel mehr als eine gewisse Menge guter Kontakte. So haben auch schüchterne, wenig kontaktfreudige Kinder einen starken Rückhalt und jemanden, der ihnen ihren Wert ins Gedächtnis zurückruft. Auch Sie sollten Ihrem Kind ein guter Freund oder eine gute Freundin sein, aber je mehr Menschen es an seiner Seite hat, desto stärker fühlt es sich. Es sollten jedoch wirklich gute Freunde sein und nicht solche, die sich nach dem Wind drehen. Letzten Endes entscheidet aber Ihr Kind darüber, Sie können ihm nur durch Freiraum, Aktivitäten und gegebenenfalls Ermutigungen (wenn Ihr Kind sehr kontaktscheu ist) die Möglichkeit dazu geben.

Zu guter Letzt noch ein wichtiger Rat: Bringen Sie Ihrem Kind bei, selbst niemanden zu mobben, zu diskriminieren, zu beleidigen, auszugrenzen, zu hänseln, auszulachen, schief anzugucken oder in sonstiger unschöner Weise zu behandeln. Ihr Kind sollte jedem Menschen mit demselben Respekt begegnen, mit dem es selbst behandelt werden will. Gehen Sie mit gutem Beispiel voran und seien Sie tolerant, weltoffen, freundlich und friedfertig zu allen. Selbst wenn jemand Ihnen oder Ihrem Kind gegen-über respektlos ist, dürfen Sie sich nicht auf seine Ebene herablassen und auch Ihr Kind muss lernen, das nicht zu tun. Je erhabener man ist, desto weniger ist man angreifbar bzw. zumindest treffen die Angriffe einen dann nicht. Erhaben heißt aber nicht, die Nase hochzutragen, sondern einfach, wie ein Fels in der Brandung zu stehen, man selbst zu bleiben und alles Schlechte an sich abprallen zu lassen. Ihr Kind sollte von sich aus offen und freundlich auf alle zugehen, hilfsbereit sein und zu sich stehen, ohne sich dabei wie etwas Besseres darzustellen.

Jeder Mensch ist gleich gut. Ihr Kind muss lernen, dass es genauso gut wie alle anderen ist, nicht mehr und nicht weniger. Es ist ein einzigartiges Wesen, so, wie jedes andere Kind und jeder Erwachsene auch. Aus der Einzigartigkeit entsteht die Besonderheit, die jeder für sich selbst erkennen und in diesem Bewusstsein seines Selbst sein Leben gestalten sollte. Das darf jedoch nicht zu Egoismus und Arroganz führen. Erziehen Sie Ihr Kind zu einem bodenständigen, netten Menschen, der einfach weiß, was er will, mit sich selbst zufrieden ist und respektvoll mit allem und allen umgeht. So können Sie zwar nicht sicher sein, dass Ihr Kind nicht gemobbt wird, aber Sie ermöglichen ihm, in solchen Situationen stark zu bleiben, und erhöhen seine Chancen, dass es immer genügend Freunde und Unterstützer hat, die ihm Rückhalt geben.

Bonus: Ermutigende Geschichten für Sie und Ihre Kinder

Nun haben Sie gelernt, welche Bedeutung Selbstbewusstsein für das Leben Ihres Kindes hat, was Sie bei der Erziehung falsch machen können und auf welche Art Sie Ihrem Kind helfen, innerlich stark zu sein, zu sich zu stehen und seinen Weg zu gehen. Zum Abschluss möchte ich Ihnen jetzt einige Ge-schichten erzählen, oder vielmehr lasse ich ein paar Menschen aus ihrem Leben berichten. Diese Kin-der, die heute erwachsen sind, hatten das Glück, von ihren Eltern gestärkt zu werden und viel zu erreichen. Lesen Sie die Geschichten zusammen mit Ihrem Kind bzw. Ihren Kindern, um alle gemeinsam Mut zu fassen – Mut für eine selbstbewusste Zukunft.

VIEL TALENT UND EINE SCHÖNE ÜBERRASCHUNG

Mein Name ist Jan. Ich bin 32 Jahre jung und ein Einzelkind. Ich bin in einem einfachen, aber liebe-vollen, guten Elternhaus aufgewachsen. Wir haben eine Tischlerei. Mein Vater ist Tischler, meine Mutter macht alle Büroarbeiten und sorgt für die Kundenkontakte. Meine Eltern haben kein Abitur, aber ich wollte unbedingt Abitur machen. Ich wollte immer etwas mit Kunst und Musik machen, möglichst studieren. Meine Eltern haben meine Wünsche immer respektiert und unterstützt. Sie haben ihrerseits alles getan, damit es klappt.

Schon als kleiner Junge habe ich mich in die Kunst und Musik vertieft. Ich habe früh angefangen, Gitarre zu spielen, Bilder zu malen und Dinge zu bauen. Mein Talent war für alle klar erkennbar, später auch in der Schule. Dummerweise war ich auf dem Gymnasium dann nicht mehr so gut in den meisten anderen Fächern. Eine Zeit lang konnten mir meine Eltern noch beim Lernen helfen, dann reichte ihr eigenes Wissen irgendwann nicht mehr aus. Obwohl ich von meinen Kunst- und Musiklehrern auch unterstützt wurde, haben viele andere Lehrer mich nur belächelt. Ich erntete immer mehr schlechte Zensuren in den Hauptfächern. Da ich in Sport auch nur so mittelmäßig war, haben sich auch einige Mitschüler über mich lustig gemacht. Dank der guten Unterstützung, immer wieder neuer „Aufbauarbeit " und Förderung durch meine Eltern war ich zum Glück selbstbewusst genug, dass mir das nichts anhaben konnte. Bessere Eltern kann man wirklich nicht haben. Also konnte mich schikanieren, wer wollte, es prallte einfach an mir ab.

Ich bin durch und durch ein positiver Mensch und ich kenne meine Begabung, meine Fähigkeiten. Ich weiß, was ich kann, aber fürs Abi hat es nicht gereicht. Mit Ende der elften Klasse habe ich dann frei-willig endgültig das schulische Handtuch geworfen. Nach einigen Gedenktagen an meine geplante steile Karriere haben meine Eltern und ich uns wieder gefangen. Und weil wir alle sehr lustig und humor-voll sind, haben wir uns eines Nachts zu meiner Schule geschlichen und einen Kranz vor den Schuleingang gelegt. Aufschrift: „Hier starb fast ein Genie". Ein paar Tage lang haben wir dann noch gewartet, ob wir vielleicht eine Anzeige dafür bekommen, es kam aber nichts. Meine Eltern haben aber auch immer wieder ausgefallene Ideen, um es der Welt mal so richtig zu zeigen.

Kurz und gut, ich habe dann meine künstlerische und handwerkliche Begabung eingesetzt, um bei meinem Vater selbst eine Tischlerlehre zu machen. Das war nicht nur ein sinnvoller beruflicher Weg, sondern hat mir auch viel Spaß gebracht. Und so kann ich auch mal meinen Eltern helfen. Natürlich habe ich die Gesellenprüfung mit Bestnote bestanden. Als Gesellenstück habe ich einen eigenen Tisch designt. Fast habe ich einen Schreck bekommen, weil mein Vater und meine Mutter wie aus einem Munde sagten: „Das ist kein Tisch, das ist Kunst." Als sie meinen irritierten Gesichtsausdruck bemerkten, fügten sie schnell hinzu: „Wir meinten nur, der ist so einzigartig und wunderschön, dass er zu schade zum Benutzen ist." Ich habe dafür eine Auszeichnung von der Handwerkskammer bekommen. Natürlich habe ich dann auch noch meinen Meister gemacht - klar, bei meinem Vater in unserer eigenen Tischlerei. Nebenbei habe ich auch schon viele eigene Möbel designt und gebaut.

Mutig, wie ich nun einmal bin, habe ich mein ursprüngliches Ziel, das

Kunststudium, nicht aus den Augen verloren. Ich habe mich bei einer Kunsthochschule in der Nähe um einen Studienplatz in künstlerischem Design beworben. Meine Eltern haben nicht schlecht gestaunt und waren überglücklich, dass ich wegen meiner Sonderbegabung auch ohne Abitur angenommen wurde. Wie das geht, habe ich al-lein herausgefunden. Ich wollte meine Eltern überraschen. Inzwischen bin ich auch mit meinem Studi-um fertig, natürlich mit Bestnote. Nebenbei habe ich aber auch weiterhin meine Eltern in ihrem Be-trieb unterstützt. Auch in Zukunft arbeiten wir selbstverständlich weiter zusammen. Ich lasse doch meine Eltern nicht im Stich. Sie sind wirklich die besten Menschen der Welt. Gut, dass sie erst Mitte Fünfzig sind. Ich freue mich auf ein langes gemeinsames Leben. Auf unserem Gelände ist Platz für mehrere Generationen, die in Frieden und mit viel Spaß zusammenleben und -arbeiten wollen.

An der Kunsthochschule habe ich meine Freundin kennengelernt. Sie hatte nicht so viel Glück mit ihrem Elternhaus, keiner hat sie verstanden. Aber sie hatte gute Lehrer und Freunde, die ihr Mut gemacht haben. Sie hat Abitur, ist ebenfalls mit ihrem Studium fertig und malt „echte" Gemälde. Sie ist oft bei uns zu Besuch. Als mein Vater sie mal im Spaß fragte, ob sie ihm für seine Werkstatt nicht eine Kopie der Mona Lisa anfertigen könnte, hat meine Mutter ihn zum Spaß verprügelt.

Neuerdings bemerke ich jedoch merkwürdige Aktivitäten in einem leerstehenden Lagerraum, besonders nachts. Dann brennt dort Licht, man hört weibliche Stimmen, Klicken, Geraschel, Gekrame und Gehämmer. Mein Vater scheint ahnungslos zu sein. Eines Nachts versuchen wir, dort hereinzukommen, aber die Tür ist von innen verriegelt. Wir hören die Stimmen meiner Mutter und meiner Freundin. Mist, sie haben uns bemerkt, wir hauen lieber ab. Was geht da vor? Auch tagsüber ist der Raum abgesperrt. Wir spielen das Spiel der beiden mit. Bestimmt wollen sie uns eine Freude machen, wenn sie so geheimnisvoll tun. Dann rumort es auch noch im Büro mehr als sonst. Stapelweise Post wird verschickt.

Und dann öffnet sich endlich der Raum für uns Männer. Unsere Rumpelkammer ist kaum wiederzuerkennen. Komplett renoviert (und natürlich sauber). Eine kleine Bühne ist aufgebaut. An den Wänden hängen einige Gemälde, die meine Freundin gemalt hat. Und auch meine. Von früher. Sie sagt, dass sie wirklich gut sind. Meine Eltern sagen das auch. Überall im Raum verteilt stehen Möbelstücke, die mein Vater und ich in letzter Zeit entworfen und gebaut haben. Denn auch er ist ein Künstler. Es ist nie zu spät. Wir sind gerührt. „Jetzt bloß nicht lachen“, flüstert mein Vater mir zu und zwinkert sich eine Träne aus dem Auge. Kurz und gut, meine Mutter und meine Freundin haben doch tatsächlich eine Ausstellung vorbereitet. Natürlich mit Vernissage.

Aber was tut meine Mutter da noch gerade? Sie holt unsere Gitarren und, ich staune, meine Freundin holt ein Saxophon aus ihrem Auto. Und da kommt noch mein bester Schulfreund herein, von dem ich dachte, dass er längst im Ausland lebt. Er bringt seine Drums mit. Die Bühne wird eingerichtet. Dass mein Vater und ich Gitarre spielen und auch singen, ist bekannt. Aber da greift meine Mutter auch zu einer Gitarre, die ich noch gar nicht kannte. „Das ist meine“, sagt sie bescheiden und legt los. „Kommt, lasst uns proben, es ist nicht mehr viel Zeit bis zur Ausstellungseröffnung. In 14 Tagen ist es so weit.“ Und los geht’ s wieder mal, alle zusammen und mit viel Spaß. Es gibt kein Zurück mehr, die Gäste und die Presse sind eingeladen. Ob sie unsere Musik ertragen?

Nachsatz: Ja, haben sie. Unter tosendem Beifall. Es war richtig gelungen und nun sind wir auch noch „berühmt“. Wir bleiben bescheiden. Am nächsten Tag gingen wir wieder an unsere Arbeit und tun die-se jeden Tag weiter mit viel Spaß. So sind wir eben. Aber freuen tun wir uns dennoch sehr.

ARMUT HINDERT NICHT AN GROSSEN ZIELEN

Ich bin Lena und 27 Jahre jung. Meine Kindheit und Jugend waren nicht immer ganz leicht. Das liegt aber nicht an meiner Familie. Meine Eltern sind einfache Menschen, arbeiten in einfachen Berufen und verdienen nicht das Geld, das sie bei ihrer Arbeit eigentlich verdienen sollten. Wir mussten oft sparen und uns einschränken. Trotzdem kann ich mir kein besseres Zuhause vorstellen. Meine Eltern haben mich immer unterstützt, so geliebt, wie ich eben bin, und ich konnte mich immer auf sie verlassen. Ich habe noch eine sehr viel jüngere Schwester, die Anna, eine tolle Schwester. Aber dazu komme ich später.

Ich bin in einer Stadt am Meer aufgewachsen. Alles war schön. Bis ich neun

Jahre alt war, hatte ich auch noch eine ganz tolle, liebe Oma. Leider ist sie dann plötzlich viel zu früh gestorben. Das war sehr traurig für uns alle. Meine kleine Schwester ist zehn Jahre jünger als ich und war da noch gar nicht geboren. Obwohl wir nicht viel Geld hatten, hatten wir alle immer schöne Kleidung zum Anziehen, die für uns gemacht war. Meine Oma war nämlich Schneiderin. Sie hat uns wirklich die tollsten Sachen genäht, die es nirgendwo zu kaufen gab. Meine Eltern tragen die Sachen zum Teil noch heute. Das konnte ich leider nicht, denn ich wuchs schnell aus den geliebten Kleidungsstücken heraus, die ich als Neunjährige getragen habe. Also musste bald für mich Kleidung gekauft werden.

Wie gesagt, wir waren eher arm und als ich zehn Jahre alt war, kam auch noch meine kleine Schwester zur Welt. Ich liebe sie. Wir mussten meine Kleidung also billig oder Second Hand kaufen. Manche Sachen passten nicht wirklich und gefallen hat mir selbst eigentlich nichts davon. Aber was sollten wir tun ohne Geld. Schließlich musste ich ja etwas anziehen. Für mich war das okay, ich habe das verstanden. Viel schlimmer war, dass meine geliebte Oma tot war.

Mit elf Jahren bin ich dann auf eine weiterführende Schule gekommen. Bisher hatte ich solche Kinder nicht gekannt, wie sie da zur Schule gingen. Davor kannte ich nur ganz normale, nette Kinder, denen es ebenso wie mir wichtig war, sich gut zu verstehen und so viel Spaß wie möglich zu haben. Und natürlich zu lernen und auch mal zuhause mitzuhelfen. Meine Kindheit, jedenfalls der eher unbeschwerte Teil davon, und meine bis dahin problemlose Schulzeit schienen plötzlich dahin zu sein. Wie ein aus Indien stammender Schulfreund von mir, dem es ähnlich ging, irgendwann mal bissig bemerkte: „Im Nirvana verschwunden." Dort waren sie plötzlich, diese superverwöhnten superreichen Kinder mit ihrer superteuren Kleidung, den neuesten Handys und allem Drum und Dran. Und da waren dann komischerweise auch noch solche, die eigentlich gar nicht reich waren, aber plötzlich dazugehörten.

Gott sei Dank hatte ich Glück mit meinen Lehrern, die uns nach Leistung und Sozialverhalten und nicht nach Geld bewertet haben. Und meine Eltern haben mir natürlich auch die ganze Zeit den Rücken gestärkt. Trotzdem ist es auch bei gutem Selbstbewusstsein ein ekliger Zustand, von Gleichaltrigen im Schulalltag nur wegen des Geldes oder der Kleidung immer wieder ausgegrenzt zu werden. Viele Kinder aus ärmeren Familien haben das nicht durchgehalten. Ich schon. Ich hatte mein Ziel vor Augen, auch wenn ich zeitweise in der Schule keine Freunde mehr hatte. Ich wollte möglichst Abitur machen und etwas Sinnvolles studieren. Ich habe gelernt und gelernt, habe mich darauf konzentriert und hatte trotz der widrigen Umstände gute Schulnoten. Und ich hatte meine Familie, meine Eltern und meine kleine Schwester.

Als ich 13 Jahre alt wurde, hatten wir so wenig Geld, dass meine Eltern ganz verzweifelt darüber waren, was sie mir zum Geburtstag schenken sollten. Zufällig habe ich eines Ihrer Gespräche darüber gehört. Sie klangen so betrübt, es tat mir in der Seele weh. Ich habe dann heimlich einen Geburtstagswunschzettel auf den Küchentisch gelegt, auf dem stand: „Ich wünsche mir, dass wir alle immer zusammenhalten, und Omas alte Nähmaschine." So geschah es. Meine Oma hatte mir in meiner frühen Kindheit das Nähen beigebracht und nun erinnerte ich mich. Ich fing an, meine Kleidung umzuändern und aufzupeppen. Stolz bin ich damit zur Schule gegangen. Staunende Blicke. Nur die Kunstlehrerin habe ich eingeweiht. Sie hat mir heimlich noch viele gute Tipps gegeben. Jetzt hätte ich dazugehören können, zu der reichen Clique. Aber das wollte ich nicht mehr. Stattdessen habe ich anderen Mitschülern geholfen, die noch mehr Probleme hatten als ich.

Ich habe mich auch um meine kleine Schwester gekümmert, wenn meine Eltern gerade arbeiten muss-ten. Meine kleine Schwester? Oder meine große Schwester. Sie war von Anfang an viel selbstbewusster als ich. Sie hatte nicht nur ihren eigenen Kopf, sondern hat ihn auch durchgesetzt. Alles Negative prallte einfach an ihr ab. Schon in der Grundschulzeit hat sie meine alte Kleidung aufbewahrt und fing auch früh damit an, alte Sachen nach ihrem Geschmack umzugestalten. Allerdings hatte sie auch mehr Glück mit ihren Schulfreunden als ich mit meinen Nichtfreunden. Natürlich hat sie sich auch Hilfe und Ratschläge bei meinen Eltern und mir geholt. Aber sie hatte von Anfang an so etwas wie einen „Lauf", nahm alle Hürden problemlos und erfolgreich. Als ich mit 19 Jahren mein Abitur geschafft hatte und nicht wusste, was ich jetzt studieren oder lernen soll, nahm sie mich an der Hand und führte mich zum Meer. Sie deutete auf das Wasser hinaus und sagte nur: „Wir müssen das Meer retten, sonst brauchen wir alle bald keine Kleidung mehr." Bemerkenswert. Ich habe auf ihren Rat gehört und Meeresbiologie studiert. Erfolgreich. Anna ist jetzt 17

Jahre alt, hat eine Schulklasse übersprungen und steht kurz vor dem Abitur. Sie sagt nur: „Ich mache bald mit, keine Sorge." Ich glaube ihr. Unsere Eltern sind die besten Eltern der Welt. Sie sind abends und an Wochenenden auch gern an „unserem" Meer. Einmal haben sie uns sehr stolz und still angesehen. Und dann haben sie gesagt: „Gut, dass ihr das Meer rettet, Kinder." Und übrigens: Mit meinem indischen Freund bin ich jetzt zusammen.

AUFGEBEN GILT NICHT

Ich bin Yasmin und vor ein paar Monaten 28 geworden. Ich bin Bauingenieurin. Das ist mein Traum-beruf. Aber der Weg dahin war kein einfacher Weg. Ich bin Einzelkind und mein Vater ist Bauingenieur. Er arbeitet für eine große Firma im Holzbau und baut Häuser. Meine Mutter ist Krankenschwester. Schon als ganz kleines Kind habe ich mich für den Beruf meines Vaters interessiert und alles, was mit Bauen und Technik zu tun hat, geliebt. Als ich elf Jahre alt war, hat er mich einmal mit auf eine Baustelle genommen, um mir klarzumachen, wie die Realität dort ist. Aber da war ich erst so richtig Feuer und Flamme und wusste: Das wird später mein Beruf. In der Schule war ich richtig gut, besonders aber in Mathe und Physik. Beste Voraussetzungen eigentlich.

Meine Eltern hatten grundsätzlich nichts dagegen einzuwenden. Meine Mutter meinte sogar: „Es wird Zeit, dass wir Frauen uns auch solche Berufe erobern. Es gibt bei der Berufswahl doch keinen Unterschied zwischen Frauen und Männern. Alles andere sind doch nur Vorurteile." Meine Eltern sind weltoffen und tolerant. Auch mein Vater pflichtete mir bei und sagte: „Die Begabung hast du ja und körperlich bist du ja auch fit genug dafür. Aber du musst wissen, was da schon im Studium an Mobbing und Vorurteilen auf dich zukommt. Und dann erst auf dem Bau, wenn du als Frau überhaupt eine Stelle bekommst." Er wurde traurig. „Eine Studienfreundin von mir hat trotz Mobbing einen guten Ab-schluss gemacht, aber sie ist nie irgendwo eingestellt worden. Sie hat immer mehr an Depressionen gelitten. Zehn Jahre nach dem Studium hat sie sich umgebracht." Meine Mutter und ich haben ihn entsetzt angestarrt. Ich habe nur gesagt: „Wie traurig, Papa, das ist wirklich schlimm. Ich will es aber trotzdem versuchen. Ich will der Welt so richtig zeigen, was Frauen können. Ich werde es schaffen und ich bringe mich ganz bestimmt nicht um. Ich habe doch euch und ich habe auch mich selbst."

Meine Eltern haben dann gesagt, dass sie mich auf meinem Weg unterstützen werden, egal, was passiert. Und so war es. Und so ist es immer noch. Ich habe ein gutes Abitur gemacht und mein Bauingenieurstudium erfolgreich absolviert. Mein Vater hatte Recht, es ist immer noch eine Männerwelt und man muss wirklich ein „dickes Fell" haben, um darin zu bestehen. Aber nach dem Studium wurde es nochmal richtig schwierig. Mein Vater hatte gehofft, dass ich in der Firma, für die er arbeitet, eine freie Stelle besetzen könnte. Aber nein, es wurde ein Mann eingestellt. Mein Vater war richtig ärgerlich auf seinen Chef. Er sagte, wenn er noch jünger wäre, würde er sofort die Firma wechseln. Aber er ist nicht mehr der Jüngste und geht in ein paar Monaten schon in Rente. Das hat er sich verdient. Mein Studien-abschluss ist nun auch schon etwas länger her und ich habe mich tatsächlich vergeblich um sehr viele Stellen beworben. Aber ich habe nicht aufgegeben.

Und da war sie vor Kurzem, die Stellenanzeige, die mein Leben zum Positiven verändern sollte. „Architektinnenbüro sucht talentierte Bauingenieurin als Verstärkung." Ich habe mich nicht kompliziert beworben. Ich bin einfach dorthin gefahren und habe gesagt: „Ihr habt mich gesucht? Da bin ich." Mir standen zwei Frauen gegenüber, die meine Schwestern sein könnten. Wir waren uns auf Anhieb sympathisch. Sie haben über meinen Auftritt gelacht und gesagt: „Wir haben auf dich gewartet, genau auf dich." Unsere gemeinsame Arbeit bringt wirklich Spaß. Und etwas Gutes tun wir auch. Wir bauen um-weltfreundliche Häuser mit wunderschönen Dachgärten mitten in der Stadt. Und wir haben noch viel mehr gute Ideen, wie wir der Natur etwas zurückgeben können. Meine Eltern sind stolz.

SELBSTBEWUSSTSEIN SCHMECKT GUT

Ich bin John, 29 Jahre jung und gelernter Koch. Wie es dazu kam? Ich habe mich schon als kleines Kind dafür interessiert, meiner Mutter beim Kochen zu helfen. Da meine beiden Eltern immer gearbeitet haben, war sie für die Hilfe in der Küche auch eigentlich dankbar. Meine Mutter arbeitet als Büro-angestellte, mein

Vater ist Mechaniker und hat eine eigene kleine Autowerkstatt. Ich habe noch einen sechs Jahre älteren Bruder. Er ist Mechaniker geworden wie mein Vater. Sein Name ist Jack und er arbeitet natürlich in der Werkstatt meines Vaters. Mein Vater hat von Anfang an gedacht, ich würde natürlich auch Mechaniker werden. Meine Mutter hingegen war sich sicher, dass ich wegen meiner guten schulischen Leistungen bestimmt mindestens Versicherungs- oder Bankkaufmann werde, wenn nicht sogar Lehrer. Bis ich 14 Jahre alt war, habe ich das Spiel auch mitgespielt.

Dann habe ich meinen entsetzten Eltern eröffnet, dass ich lieber Koch werden möchte. Mein Vater hat vor sich hingestarrt und sich einen Schnaps eingeschenkt. Mein Bruder hat eher beifällig gegrinst und gemeint: „Der Kleine hat immer nur gemacht, was er will. Ist euch das auch mal aufgefallen?" Meine Eltern nickten. Aber was heißt hier „der Kleine"? Ich war mit 14 Jahren schon einen halben Kopf größer als mein Bruder, bin seit meinem zehnten Lebensjahr Torwart in einem Fußballverein und richtig hart im Nehmen. Außerdem mache ich schon seit meiner frühen Kindheit Judo und war damals schon wirklich gut durchtrainiert. Mein Vater hat etwas enttäuscht gesagt: „Ein Junge, der ein Auto allein hochheben könnte, will Koch werden." Meine Mutter gab zu bedenken, dass es in der Küche mindestens genauso gefährlich ist wie in der Werkstatt und natürlich gefährlicher als im Büro. Dann haben sie noch darüber diskutiert, ob Koch überhaupt ein Männerberuf ist. Jack hat das mal kurz gegoogelt und nett erklärt: „Ja, ist es. Die besten Restaurants der Welt werden sogar oft von männlichen Meisterköchen geleitet." Meine Eltern insistierten weiter: „Aber du hast doch so gute Schulnoten. Du schaffst doch spielend dein Abitur." Daraufhin habe ich geantwortet: „Warum nicht, das Abitur würde ich schon gern machen, aber dann werde ich Koch."

Anschließend haben meine Eltern mir nicht weiter hereingeredet. Neben der Schule habe ich dann auch schon manchmal ein eigenes gutes Essen für die Familie gekocht. Geschmeckt hat es ihnen immer. Vielleicht haben sie gedacht, bis zum Abitur hätte ich meinen Berufstraum vergessen. Habe ich aber nicht und mein großer Bruder hat mir immer neuen Mut gemacht, das zu tun, was ich wirklich will. Nach dem Abitur habe ich dann tatsächlich meine Ausbildung als Koch gemacht und anschließend auch noch die Weiterbildung zum

Küchenmeister. Im Fußballverein spiele ich immer noch. In-zwischen bin ich noch mehr gewachsen, äußerlich und innerlich. Ich bin während der ganzen Ausbildungszeit zuhause bei meinen Eltern wohnen geblieben und habe jeden Cent gespart. Meine Eltern haben nur noch anerkennend genickt und gemeint: „Der Junge weiß eben, was er will, und er ist gut darin."

Sie haben sich gewundert, dass ich so viel Geld angespart habe. Jetzt wissen sie, warum. Mein Bruder hat es schon die ganze Zeit gewusst. Mithilfe meiner Ersparnisse und eines günstigen Baukredits habe ich gerade mein eigenes kleines Restaurant eröffnet. Da ich mich nebenbei bemerkt immer schon für die Natur einsetze, ist natürlich alles „Bio" und viele vegetarische Gerichte sind auch auf der Speisekarte. Ich bilde jetzt auch noch zwei Lehrlinge aus. Wir haben mehr als genug zu tun. Und wenn es mal wieder hoch hergeht, hilft mir auch meine Familie nach Feierabend. Zumindest meine Mutter ist ja ei-ne wirklich gute Köchin. Aber meistens kommen sie nur zum Essen. Und sind voll des Lobes.

EIN UNGEWÖHNLICHER AUFTRAG

Ich heiße Kaya und bin 30 Jahre jung, genauso wie mein Zwillingsbruder Kay. Wir sind unzertrennlich und wollten immer ein und dasselbe. Wir sind eineiige Zwillinge und als Beruf haben wir uns KFZ-Mechatronikerin bzw. KFZ-Mechatroniker ausgesucht. Warum? Das erzähle ich jetzt.

Unser Vater ist Grundschullehrer, unsere Mutter Erzieherin. Unser Opa war ein Autonarr und hat uns allerhand davon erzählt. Seit unserer Kindheit wünschen wir uns nichts mehr, als irgendwann den ganzen Tag an Autos zu schrauben. Unsere Eltern waren anfangs nicht so begeistert davon, haben uns aber nichts ausgeredet und uns bei allem immer unterstützt, auch wenn sie uns nicht immer ganz verstanden haben. Schließlich waren wir beide so gut in der Schule, dass wir jeden Beruf hätten ergreifen können. Ist Opa schuld? Nein, und wenn, dann im positiven Sinn.

Opa war Philosoph und Buddhist und hat gesagt, man muss das tun, was einen in tiefster Seele erfüllt und glücklich macht. Das haben auch meine Eltern verstanden, denn sie tun ja, was sie wollen. Da uns aber auch die Schule so viel Spaß gebracht hat, haben wir trotzdem erst mal unser Abitur gemacht, denn das kann ja bekanntlich nicht schaden. Dann haben wir natürlich unsere Ausbildung als KFZ-Mechatroniker gemacht und inzwischen sind wir KFZ-Meisterin und -Meister. Und da wir mutig sind, haben wir gleich den Sprung in die Selbstständigkeit gewagt und direkt unsere eigene Werkstatt eröffnet.

Leider hat unser Opa das nicht mehr ganz mitbekommen, denn er ist vor Kurzem gestorben. Aber irgendwie hat er es vorausgeahnt. Oma war schon vor langer Zeit gestorben und er war ohne sie nicht mehr so glücklich wie sonst. Aber Opa hat uns allen ein Testament hinterlassen. Meine Eltern be-kommen sein Geld. Ihr Haus fällt fast zusammen, sie sollen es reparieren. Und was bekommen wir? Uns hat er einen Brief hinterlassen, in dem steht:

„Liebe Kaya, lieber Kay, ihr Schrauber. Ich bin stolz auf euch. Wenn ihr das lest, bin ich auf der Suche nach Oma. Keine Sorge, wir kommen zurück, auch wenn ihr nicht an Wiedergeburt glaubt. Euch und eurer Werkstatt überlasse ich so lange „Roadrunner“, meinen geliebten alten Ferrari, zu treuen Händen. Ihr wisst, es ist eigentlich das ganze Innenleben kaputt. Mein Auftrag an euch ist nun: Baut ihn umweltfreundlich um. Außen soll er aber noch so aussehen wie vorher. Glaubt mir, das geht. Ich hätte es am liebsten selbst noch gemacht, aber ich war ja schon zu krank. Also macht das bitte für mich. In spätestens 20 Jahren möchte ich ihn aber zurückhaben. Ich bezahle dann auch dafür. So lange könnt ihr ihn natürlich fahren, aber vorsichtig. Bis bald! Euer Opa. P.S.: Ich bring' Oma mit.“

Meine Eltern schauen sich etwas irritiert an. Kay und ich schauen uns auch an, aber nicht irritiert. Wir sagen wie aus einem Munde: „Wenn Opa das sagt, wird es schon so sein. Dann lass uns mal loslegen. 20 Jahre vergehen schnell. Wir wollen „Roadrunner“ ja auch noch ein paar Jahre selbst fahren.“ Wir haben viele „normale“ Aufträge, aber um „Roadrunner“ kümmern wir uns in jeder freien Minute.

Abschließende Worte

„Ein wahrer Held wird nicht an der Größe seiner Kraft gemessen, sondern an der Kraft seines Herzens."

(aus Disney's Hercules)

„Wenn du es träumen kannst, kannst du es auch tun!"

(Walt Disney)

„Zwei Dinge sollten Kinder von ihren Eltern bekommen: Wurzeln und Flügel."

(Johann Wolfgang von Goethe)

„Kinder sind keine Fässer, die gefüllt, sondern Feuer, die angezündet werden wollen."

(François Rabelais)

„Sprich zu deinen Kindern, als wären sie die weisesten, freundlichsten, schönsten und magischsten Menschen auf Erden, denn was sie jetzt glauben, wird das sein, was sie einmal sein werden."

(Brooke Hampton)

Mit diesen nachdenklichen, sehr wahren Worten sind wir nun am Ende des Buches angekommen. Das Lesen hat vielleicht ein paar Wochen oder auch länger gedauert, doch damit ist Ihr Vorhaben, Ihr Kind innerlich zu stärken und ihm ein erfülltes Leben zu ermöglichen, noch längst nicht abgeschlossen. Es hat gerade erst begonnen und es geht immer weiter. Verinnerlichen Sie, was Sie in diesem Buch gelernt haben, und bemühen Sie sich Tag für Tag, sich so zu verhalten, dass es dem Selbstwertgefühl, Selbst-bewusstsein und Selbstvertrauen Ihres Kindes zugutekommt.

Wir danken Ihnen für Ihr Interesse und Ihr Vertrauen. Als Dankeschön dafür, haben wir eine besondere Überraschung. Wir haben exklusiv für Sie „Die 100 besten Motivationssprüche für mutige und starke Kinder". Und diese erhalten Sie vollkommen kostenlos. Das klingt wunderbar? Dann warten Sie nicht lange und holen Sie sich Ihr Gratis-Geschenk.

Hier geht es zu Ihrem Gratis-Geschenk:

https://forms.gle/thTh9HJyscFukxpR8

1. **Öffnen Sie die Kamera-App auf Ihrem Smartphone und richten Sie die Kamera auf den QR-Code.**
2. **Klicken Sie auf den Link, der Ihnen angezeigt wird und schon werden Sie zur Website weitergeleitet.**

Impressum

Herausgeber: Malik & Mähleke GmbH / Ericusspitze 4 / 20457 Hamburg
Kontakt: kontakt@empireofbooks.de
Website: https://empireofbooks.de
Coverbild: Shutterstock

Haftungsausschluss:
Die Nutzung dieses Buches und die Umsetzung der enthaltenen Informationen, Anleitungen und Strategien erfolgt auf eigenes Risiko. Der Autor kann für etwaige Schäden jeglicher Art aus keinem Rechtsgrund eine Haftung übernehmen. Haftungsansprüche gegen den Autor für Schäden materieller oder ideeller Art, die durch die Nutzung oder Nichtnutzung der Informationen bzw. durch die Nutzung fehlerhafter und/oder unvollständiger Informationen verursacht wurden, sind grundsätzlich ausgeschlossen. Rechts- und Schadenersatzansprüche sind daher ausgeschlossen. Dieses Werk wurde sorgfältig erarbeitet und niedergeschrieben. Der Autor übernimmt jedoch keinerlei Gewähr für die Aktualität, Vollständigkeit und Qualität der Informationen. Druckfehler und Falschinformationen können nicht vollständig ausgeschlossen werden. Es kann keine juristische Verantwortung sowie Haftung in irgendeiner Form für fehlerhafte Angaben vom Autor übernommen werden. Die bereitgestellten Analysen, Vorschläge, Ideen, Meinungen, Kommentare und Texte sind ausschließlich zur Information bestimmt und können ein individuelles Beratungsgespräch nicht ersetzen. Alle Informationen dieses Buches entsprechen dem Kenntnisstand zum Zeitpunkt des Verfassens dieses Buches. Eine Haftung für mittelbare und unmittelbare Folgen aus den Informationen dieses Buches ist somit ausgeschlossen.
Informieren Sie sich weitläufig aus unterschiedlichen Quellen und bedenken Sie, dass am Ende nur Sie für die Entscheidungen verantwortlich sind.

Urheberrecht:

Haftung für externe Links:
Unser Angebot enthält Links zu externen Websites Dritter, auf deren Inhalte wir keinen Einfluss haben. Deshalb können wir für diese fremden Inhalte auch keine Gewähr übernehmen. Für die Inhalte der verlinkten Seiten ist stets der jeweilige Anbieter oder Betreiber der Seiten verantwortlich. Die verlinkten Seiten wurden zum Zeitpunkt der Verlinkung auf mögliche Rechtsverstöße überprüft. Rechtswidrige Inhalte waren zum Zeit-punkt der Verlinkung nicht erkennbar.